CS와 이미지 메이킹

구민사

김윤아

건국대학교 향장미용학 석사, 건국대학교 향장생물학 이학박사, 숭실대 경영대학원 서비스경영학 석사 졸업
건국대학교와 대전대학교 외래교수, 국가기술자격검정 미용사 감독위원과 NCS 과정평가형 감독위원,
퍼스널뷰티 연구소 대표로 활동하고 있다.
김윤아 퍼스널이미지컨설팅, K뷰티살롱 대표로 역임했으며 공공기관, 백화점 문화센터 등에서 스킨케어,
메이크업 강의와 취업 면접에 관한 이미지메이킹, 퍼스널 컬러, 퍼스널 브랜딩 등의 컨설팅과 강의를 하고 있다.

안채윤

현재 더채움 비즈니스매니지먼트 대표로 있으며, 건국대학교 향장학미용학 석사, 휴먼이미지학과 박사과정을
통해 개인 이미지관리(PI, Personal Identity), 고객만족(CS), 퍼스널컬러 분야의 연구를 꾸준히 하고 있다.
건국대학교 외래교수, 비즈앤스 경영컨설팅 공동대표로 한국여자프로골프협회KLPGA 신입 정회원 입문교육,
기업체의 임직원, 공무원 또는 공공기관의 직원들에게 비즈니스매너, 세일즈 기법, 신입사원 마인드를
다양한 사례와 아이디어를 접목해 매너리즘에 빠진 사람들에게 동기부여를 해주는 것으로 유명하다.

CS와 이미지메이킹

초 판 인 쇄 | 2020년 10월 5일
초 판 발 행 | 2020년 10월 15일

저 자 | 김윤아·안채윤
발 행 인 | 조규백
발 행 처 | 도서출판 구민사

전 화 | (02) 701-7421(~2)
팩 스 | (02) 3273-9642
홈 페 이 지 | www.kuhminsa.co.kr

신 고 번 호 | 제2012-000055호(1980년 2월 4일)
I S B N | 979-11-5813-867-7(93590)

정 가 | 21,000원

Prologue

현재 기업들은 빠르게 변화하는 서비스 산업에 적응하기 위해 혁신과 창조를 끊임없이 강조하며 새로운 환경과 외부경쟁에 대처하면서 발전해 나아가고 있다.

과거에는 항공사, 병원, 호텔 등 서비스 업체에서만 교육에 관심을 갖고 있었으나, 각 기업에서 상품보다 인간적인 서비스 품질을 높임으로 인해 대학을 비롯하여 기업체뿐만 아니라 국가 기관과 공기업에서도 경쟁력을 높이기 위한 고객만족 교육을 실시하고 있다.

고객만족을 위해서는 소통을 매개로 하여 이루어지는 감정, 태도, 신념, 생각, 사실 등을 전달하는 과정인 커뮤니케이션을 통해 고객과의 관계에서 서로를 이해해 나가야 한다.

또한 서비스 현장에서 돌발적으로 일어나는 다양한 고객과의 컴플레인과 클레임의 대응전략, 불만고객 응대와 커뮤니케이션 개선방법들을 알아보고 실행할 수 있도록 노력이 뒤따라야 할 것이다.

현대 사회에서 이미지는 중요한 요소로 작용된다. 이미지를 만드는 것은 상대방에게 우호적이고 긍정적으로 보이게 하는 것이며, 자신의 성공과 가치를 높이는데 중요한 역할을 한다.

각자 자신의 이미지를 객관적으로 파악해야하며, 이미지 형성에 중요한 첫인상, 표정, 태도, 스피치, 컬러, 패션, 메이크업, 헤어 등을 조화롭게 하여 성공적인 이미지를 만들 수 있다.

PART 1 ~ PART 5까지는 서비스 이론, 고객만족경영, 비즈니스 커뮤니케이션, 고객 컴플레인, 글로벌 매너와 마인드에 대한 내용으로 CS와 비즈니스 매너에 대해서 담아냈으며 PATR 6 ~ PART 10까지는 이미지메이킹, 취업 면접 이미지, 컬러 이미지, 패션 이미지, 뷰티 이미지에 대한 내용으로 구성하였다.

본서는 고객만족과 비즈니스 매너, 이미지메이킹 까지 최대한 많은 부분의 내용이 포함되어 있어 기업이나 병 · 의원 등 CS를 필요로 하는 곳이나 이미지를 바꾸기를 원하는 학생, 이미지 경영에 성공하고 싶은 직장인, 자신의 변화를 원하는 사회인 모두에게 좋은 가이드가 되길 바란다.

끝으로 출판을 위해 도움을 주신 도서출판 구민사 조규백 사장님과 전무님, 고생하신 직원분들께 진심으로 감사의 마음을 전한다.

저자 일동

Contents

Chapter 05

글로벌 매너와 글로벌 마인드

Chapter 06

이미지메이킹

Chapter 07

취업 면접 이미지

Chapter 08

컬러 이미지

Chapter

09

패션 이미지

Chapter

10

뷰티 이미지

CS와 이미지메이킹

김윤아 | 안채윤

CS &
ImageM

1

서비스의 이론과 실제

1. 서비스의 정의와 기본태도
2. 서비스의 특성
3. 서비스 마인드와 역할인식
4. 서비스인이 필히 가져야 할 인적 능력

Making

1. 서비스의 정의와 기본태도

현대 기업들은 빠르게 변화하는 서비스 산업에 적응하기 위해 끊임없이 새로운 환경과 외부경쟁에 대처하면서 발전해 나가고 있으며 매우 다양하고 복합적인 특성을 갖고 있어 한계를 명확히 한다는 것이 불가능하기 때문에 어떤 특징에 초점을 맞추었느냐에 따라 학자마다 정의를 다르게 내리고 있다.

이탈리아와 독일, 오스트리아에서는 아직도 '세르부스'라는 말이 있다. '나는 당신을 위해 봉사할 수 있는 사람입니다.'라는 의미를 갖고 있으며, 서비스의 어원은 라틴어의 세르부스(servus)에서 유래하였다. 일반적 의미로는 타인의 이익을 위해서 정신적 · 육체적인 노동을 제공하는 행위를 말하며, '고객이 원하는 것을 서비스 제공자 본인의 능력과 노력으로 제공해주고 고객이 만족해함과 동시에 더 나아가 제공자 역시 만족해지는 행위이다.'라고 정의할 수 있다. 유교문화의 영향과 서구문화에서 생성된 과거의 서비스는 제공해주는 사람은 하인이요, 받는 사람은 주인이라는 상하의 개념으로 비춰졌다. 특히 근무규정이나 정보, 기술, 정해진 규칙 등 물적인 면을 강조하며 흔히 무조건적인 '친절, 봉사'라는 추상적 의미를 나타내었으나 최근에는 서비스 마인드, 인사, 언행, 미소, 태도 등 인적서비스의 중요성을 강조하고 있다. 이 사회 안에서는 누구나 서비스의 제공자이자 동시에 고객이기 때문에 다양한 욕구와 방대한 정보력을 파악하고 서비스품질을 높이기 위한 노력이 중요하며, 고객의 마음을 얻기 위해 순종만 하는 수직적 관계가 아니라 동등하게 의견을 주고받는 수평적인 인간관계를 시작으로 발전해 나아가야 한다. 또한 산업의 발달이 고도화되어 공급과 수요가 늘어나면서 고객들은 선택할 수 있는 폭과 요구사항이 확대되었으며, 고객 불평의 목소리가 당당해지고 대중매체를 통한 불평도 해마다 증가하고 있는 추세이다. 물론 좋은 물적 서비스 없이 고객만족을 기대하기는 힘들기 때문에 서비스의 고객만족의 여부는 물적인 서비스와 인적인 서비스의 조화가 알맞게 이루어져야 한다.

2. 서비스의 특성

1) 서비스는 무형의 활동이다.

서비스는 욕구를 만족시켜 줄 수 있는 효용가치가 있는 무형의 활동이다. 본질적으로 서비스는 형태가 없기 때문에 볼 수도 만질 수도 없어 저장이 불가능하며, 일반 상품과 같이 가격을 설정하거나 진열하여 고객과 소통하고 표본을 추출하는 것 또한 매우 어렵다. 서비스에는 반드시 인간의 능력에 의존하는 인적인 요소가 중요시되며, 서비스 제공자는 고객들의 신뢰를 얻기 위하여 자신이 제공할 서비스에 대한 구체적 방안을 고객에게 제공하고 직접 접촉하여 구전커뮤니케이션을 활성화하는 것도 하나의 방법이다.

2) 서비스는 생산과 소비가 동시에 발생하는 비분리성이다.

제품은 먼저 생산되고 그 다음에 판매될 수 있다. 그러나 서비스의 비분리성은 생산과정에서 소비가 동시에 이루어지고, 서비스 제공자가 또한 존재해야 한다. 예를 들어 헤어디자이너가 고객과 상담 후 시술에 들어간다. 이 경우 디자이너의 서비스는 생산되면서 동시에 소비된다. 이러한 특성으로 서비스의 품질은 제공자의 능력뿐만 아니라 고객과의 상호작용의 질에 따라 상당히 달라질 수가 있다. 따라서 비분리성의 정도가 높은 서비스를 제공하는 기업일수록 인적 요소에 대한 관리가 기업의 성공에 절대적인 척도라고 할 수 있다. 이러한 제한성 때문에 고객을 어떻게 대하느냐가 매우 중요하고 이를 해결하기 위해서는 직원 채용 및 서비스 교육에 많은 비중을 두어야 하며 고객관리에 노력을 기울여야 한다.

3) 서비스는 개별적 특성의 이질성을 갖는다.

소비자가 어떤 서비스를 선호하여 구매할 때 여러 가변적 요소가 많기 때문에 서비스의 품질수준이 항상 일정할 수 없는 이질성을 갖는다. 서비스 제공자들의 성격, 능력, 솜씨나 훈련 정도가 다양하기 때문에 동일한 서비스라도 차이가 나게 제공할 수 있으며, 심지어 같은 직원이 서비스를 하더라도 시간이나 고객에 따라 다르게 제공할 수 있다. 서비스의 표준화를 위해서는 고객과의 충분한 의사소통을 하여 컴플레인을 예방하고, 획일적으로 적용하지 않는 맞춤화 서비스를 시행하여 고객만족의 극대화를 이루려는 노력을 해야 한다.

4) 서비스는 즉흥적이고 순간적이다.

서비스는 연습이 없다. 한 번 발생된 서비스는 그것이 잘 되었든 잘못되었든 취소가 불가능하며 고객과 제공자 간의 모든 접촉은 고객이 겪는 경험의 연속선상에서 하나의 매듭을 이룬다. 따라서 서비스를 수행하는 사람이 매번 고객을 어떻게 대하느냐에 따라 회사의 미래가 달려 있다는 것을 꼭 명심해야 한다.

5) 서비스는 저장될 수 없는 소멸성을 갖고 있다.

서비스의 소멸성은 제품과는 달리 향후 수요에 대비해서 저장할 수 없다는 것을 의미한다. 만약 옷이나 약품 같은 소비재나 가전제품, 가구 등의 내구재는 오늘 못 팔아도 재고품으로 저장되어 나중에 판매될 수가 있다. 그러나 서비스는 어떠한 특정 시간에 소비되지 않으면 가치를 상실하고 저장하거나 재판매가 불가능하여 수요와 공급을 맞추기 어렵다. 특히 수요가 안정적이지 못할 때 서비스 조직은 어려움을 겪기 때문에 예약시스템의 도입, 가격인하, 촉진활동 강화 등을 통해 비수기의 수요변동에 대한 대비를 하고, 그에 알맞은 구체적인 노력이 필요하다.

3. 서비스 마인드와 역할인식

1) 목표를 세우고 끊임없이 실천하라.

자기 경영을 위한 서비스마인드와 리더십, 능력개발, 시간관리, 인간관계관리 등 이미지 연출의 완성을 위한 모든 노력은 자아존중에서 시작한다. '지금 당신은 어떠한 일을 하고 있는가? 어떻게 하고 있는가? 또 왜 하고 있는가?'를 생각해봐야 한다. 목표가 없는 인생은 소비만 되는 인생임을 기억하고 자신 스스로의 목표를 정하여 행동을 변화시킴으로 인해 궁극적인 자신감을 찾는 것이 중요하다.

2) 진정한 서비스 정신과 사명의식을 가져라.

고객에게 만족을 주는 진정한 서비스가 무엇인가에 관해서는 일본 굴지의 회사 마쓰시타의 창업자 마쓰시타 고노스케의 정의가 있다.

'비즈니스는 서비스가 따르기 마련이고 그것은 하나의 의무라고도 할 수 있다. 그러나 그것을 단순히 의무라고 생각해서 하려고 한다면 그것처럼 피곤한 일이 없을 것이다. 또한 나만 피곤한 것이 아니라 고객에게도 그 느낌이 전달되고 만다. 서비스란 상대에게 기쁨을 주고 내게도 기쁨이 생기는 것이어야 한다.'

이와 같이 진정한 서비스는 고객에게 평가받는 것이기 때문에 다른 기업과 경쟁하는 것보다 고객과의 경쟁에서 이겨야 인정받는 것이다. 결국 나의 경쟁상대는 고객이다.

3) 고객을 머리가 아닌 가슴으로 이해하라.

서비스에 대한 사명의식, 가치관, 직업관, 리더십, 비전을 갖고 서비스 제공자 스스로 마인드를 바꾸어 나가는 일이 중요하다. 이를 위해서는 조직 구성원 모두가 서비스 바이러스를 퍼트리고 감염시켜 모든 조직이 서비스 조직으로 거듭나기 위한 서비스 문화를 정착시켜 나가는 일이 중요하다.

4) 고객의 신뢰는 다음 4가지 사항을 갖출 때 비로소 얻을 수 있다.

① 제품에 관한 지식

고객들은 직원이 회사 제품의 사양과 특징, 그리고 부가 서비스에 대해 잘 알고 있기를 기대한다. 오디오 시스템을 어떻게 연결해야 할지 몰라서 고객 앞에서 사용 설명서를 뒤적거리는 판매원은 능력 있는 사람으로 보일 수가 없다.

② 회사에 관한 지식

고객들은 직원이 맡고 있는 담당 업무 이외에 다른 업무에 대해서도 잘 알고 있기를 기대한다. 만일 고객의 욕구가 서비스를 하는 사람의 권한 밖의 일이라 하더라도 고객들은 최소한 이 조직의 구성을 잘 알고 있고 요구를 해결해 줄 사람에게 안내 받기를 기대한다.

③ 경청의 기술

고객들은 자신의 특정한 욕구를 직원에게 설명할 때 귀 기울여 듣고 이해하여 그것에 대응해 주기를 기대한다. 또한 고객들을 더 잘 돕기 위해 필요한 질문을 그들에게 던져 주기를 기대하기도 하며, 이야기를 주의 깊게 듣고 수행해서 다시 더 말하지 않아도 되기를 기대한다.

④ 문제해결 기술

고객들은 자신들의 욕구를 표현할 때 직원이 제대로 이해한 다음 회사가 제공하는 서비스를 활용해서 처리해 주기를 기대한다. 그리고 일이 잘못되거나 문제가 발생할 경우 직원이나 책임자가 나서서 문제를 해결해주기를 기대한다.

4. 서비스인이 필히 가져야 할 인적 능력

1) 커뮤니케이션 능력

인간이 인간다운 것은 언어를 잘 구사할 수 있기 때문에 다른 유기체와 구별되며, 특히 인간생활에서 말은 커뮤니케이션의 중요한 수단으로서 즐거움과 밀접하게 연관되어 있으며, 고객과의 커뮤니케이션에는 언어적 행동(문맥, 어휘, 발음, 화법)과 비언어적 행동(태도, 표정, 동작)이 조화를 이루어야 한다.

2) 인간관계 대처능력

다양하고 복잡한 심리상태를 갖는 불특정 고객을 대상으로 자신의 행동과 관계없이 곤경에 처할 수도 있다. 이러한 상황에 자신의 감정을 조절하여 예기치 못한 상황에 적응할 대처능력이 필요하며, 원만한 관계를 유지하기 위하여 평소 이에 대한 노력과 훈련이 필요하다.

3) 판단력

다양한 상황을 접하게 되는 서비스 제공자에게는 분석력 · 이해력 · 표현력 등이 필요하며, 이런 능력의 기초가 되는 것이 판단력이다. 특히 다양한 욕구를 지닌 고객과 접객상태에서 빠른 상황 판단력으로 고객의 욕구를 파악하여 대처하는 능력이 필요하다.

4) 기억력

서비스인의 기억력은 근무 중에 갖추어야 할 필수요건 중의 하나라 할 수 있다. 고객의 성명, 주문사항, 부탁받은 일 등을 기억하는 것은 매우 중요하며, 이를 위해 메모 등을 활용하는 것도 유용한 방법이다.

5) 전문성과 직업의식

서비스인은 전문인임을 스스로 자각하고, 서비스 정신의 실현, 기업이 선호하는 인재들이 갖추어야 할 자질, 국가경제에 공헌한다는 자부심, 철저한 전문가 정신을 가져야 한다. 또한 창의력을 바탕으로 더 나은 고객서비스 실현 방향을 모색하고 여러 가지 상황에 대처할 능력을 배양하여야 한다.

CS & ImageMaking

CS &
ImageM

2

고객만족경영(CSM)

1. 고객의 의미
2. 고객만족의 개념
3. 고객접점(MOT)의 이해
4. 고객만족 카운슬링

Making

1. 고객의 의미

1960 ~ 1970년대에는 수요는 많은데 공급이 따라가지 못하던 시대, 생산자 위주의 시대, 판매자 위주의 시대, 물건 만들기 무섭게 팔리던 시대에(수요 〉 공급) 고객은 봉이었다.

1971 ~ 1980년부터 경제개발을 시작하여 1차, 2차, 3차, 4차 계속 성공시켜 나아감에 따라(수요 = 공급) 균형을 이루기 시작함으로써 진정한 의미의 고객개념은 소비자문화, 소비자 연맹, 소비자 보호단체 등 소비자라는 용어가 나오기 시작한 1980년대 중반이라고 해도 과언이 아니다. 2000년부터 현재는 수요는 일정한데 공급이 과잉인 시대(수요 〈 공급)가 되었다. 예를 들어 마트에 공산품을 구입하기 위해 가더라도 공산품을 구입하기 위해 기업브랜드, 디자인, 첨가물 함유량 등 품질이 다르고 종류가 많아 고객의 입장에서 볼 때 선택의 폭이 매우 넓어졌다. 즉 피터 드러커 교수가 처음 사용하였던 고객이 "왕"인 시대가 된 것이다.

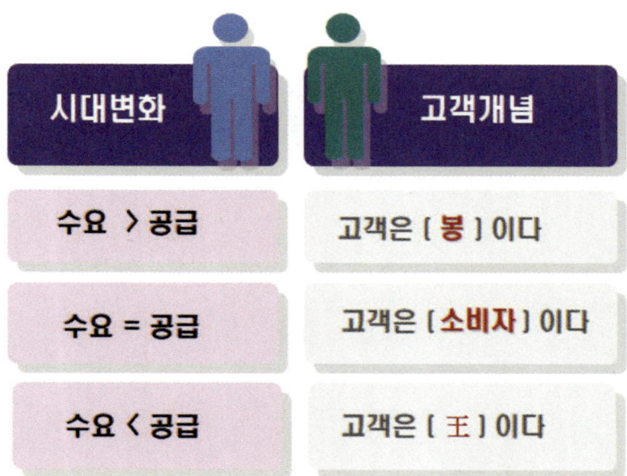

고객개념의 시대적 변화

1) 고객의 분류

① 내부고객

가치를 생산하는 고객으로 나를 중심으로 하는 상사, 부하, 동료, 경영자, 생산자 등 가치를 생산·제공하는 종업원들을 통틀어 이르는 말이다.

② 외부고객

가치를 구매하여 사용하는 고객으로 제품이나 서비스를 제공받는 가치구매 고객과 주주, 협력회사, 지역주민 등을 말한다.

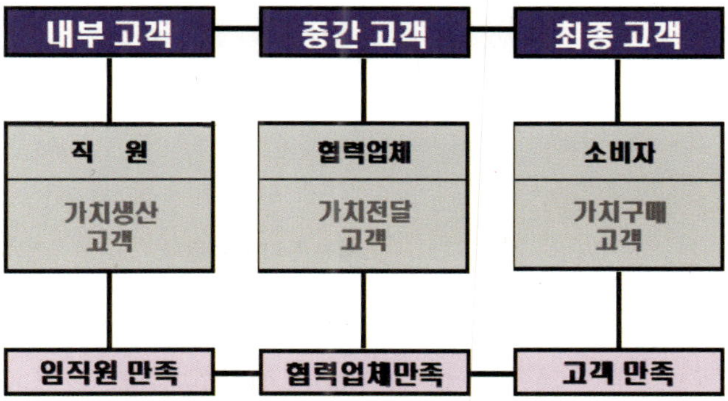

2) 고객의 특성

① 고객 주관적 욕구

고객은 자신이 중요한 사람으로 인식되려는 주관적 욕구를 가지고 있으며 우월감을 만족시키지 못하면 불만족하게 된다. 고객의 귀책사유에 의한 클레임 혹은 고객과의 논쟁에서 서비스 제공자의 정당성을 입증할 수 있다 하여도 큰 불만족을 느낀 그 고객은 더 이상 자신의 고객이 아니라는 것을 명심해야 한다.

② 고객 실제적 욕구

실제적 욕구는 이른바 고객의 객관적 욕구이다. 예컨대 고객은 필요로 하는 정보에 대한 정확한 지식을 가진 직원, 신속하게 업무를 처리할 수 있는 직원과 만나기를 원한다. 즉 자신이 기대했던 바와 제품이나 서비스가 주는 실질적인 효용가치를 비교하여 사후 평가의 과정을 갖는다.

기억해 주기를 바란다.	→	환영, 환대
관심을 끌고 싶어한다.	→	독점욕
중요한 사람으로 인식되길 바란다.	→	우월감
편안해 지고 싶다.	→	편안함
기대와 욕구를 수용해 주기를 바란다.	→	충족감
손해보기 싫어한다.	→	경제성

2. 고객만족의 개념

현대를 고객만족의 경영시대라고 한다. 고객만족이란 'Customer Satisfaction'이라 하며 그 약자로 'CS'라 한다. 미국에서는 두 가지 의미로 쓰이는데, 하나는 Customer Satisfaction(고객만족), 다른 하나는 Customer Service(고객서비스)이다. 우리나라에서의 CS는 고객만족의 의미로 통용된다.

고객들이 질(質)보다 양(量)의 충족에 만족하였던 생산주도형 사회에서 1990년대 이후 고객주도형 사회가 도래하면서 고객은 양보다는 질을 추구하게 되었고, 차별화된 서비스를 요구하였다. 이에 부응하기 위해 각 기업에서는 경영전략을 고객만족경영에 초점을 두고 '한번 고객을 평생고객으로', '고객을 하늘처럼', '고객을 최고로' 등의 슬로건을 정하여 업무 프로세스를 개선하거나 각종 아이디어를 개발하여 고객에게 감동과 행복을 제공하기 위해 노력하고 있다.

미국의 J. A. Gooddman 박사는 고객만족경영이란 "고객의 기대와 요구에 부응하여 그 결과로써 상품, 서비스의 재구입이 이루어지고 그 기업에 대한 고객의 신뢰감이 연속되는 상태"라고 정의하였다. 즉 고객의 만족도를 높이고 회사의 재거래를 유지하기 위하여 가장 선행되어야 하는 과제는 고객의 사전 기대를 정확히 파악하여 기대 이상의 서비스와 상품을 제공하는 것이 올바른 고객만족이라는 것이다. 즉, 고객이 없으면 기업이 존재할 수 없고, 고객이 있기에 고객만족이 존재한다는 것이다. 따라서 고객은 기업경영의 핵심요소이자 목표인 동시에 이념이 되었다.

1) 고객만족 3요소

고객만족 3요소

고객이 기업의 직원이나 개인에게 접촉하는 순간은 기업이미지, 주차시설, 브랜드파워, 건물의 청결도, 매장 분위기, 고객 지원센터 등 고객이 물리적으로 체험하는 요소인 하드웨어(Hardware)요소, 기업의 상품, 서비스 프로그램, 예약, 업무처리, 해피콜 등 고객이 접하는 시스템인 소프트웨어(Software)요소, 친절도, 용모, 태도, 의사소통, 신뢰성, 이미지, 서비스 마인드 등 직원의 응대 태도에 대한 만족도인 휴먼웨어(Humanware)요소로 이루어져 있다.

이를 바탕으로 고객만족 3요소인 상품, 서비스, 기업 이미지 등이 복합적으로 시너지 효과를 발휘한다면 고객만족은 이루어지고 기업의 경영목적 또는 비전은 자연스럽게 달성될 것이다.

2) 고객의 진정한 욕구와 충족

매슬로는 충족되지 못한 욕구가 사람의 행동을 일으키는 원인이 된다고 했다. 인간의 다섯 가지 욕구는 위계를 가지며 하위 단계가 어느 정도 충족이 되면 다음 단계의 욕구를 추구하게 되고 이미 충족된 욕구는 인간의 행동을 유발하는 기능을 갖지 못한다고 하였다.

생리적 욕구, 안전의 욕구는 충족된다고 만족감을 느끼는 욕구이기보다는 무불만 상태가 되는 욕구이고, 사회적 욕구와 자아존중, 자아실현의 욕구는 충족되었을 때 만족감을 느끼는 욕구이다. 매슬로의 고객의 욕구 5단계에 대해 구체적으로 알아보도록 하자.

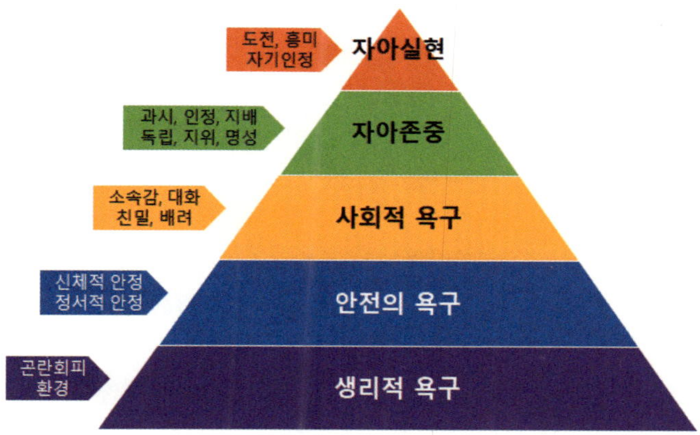

매슬로의 욕구 5단계

① **생리적 욕구**

가장 근본적이며, 신체를 정상 상태로 유지하는 데 필요한 욕구로 배가 고프면 음식을 먹으려는 욕구가 생기고, 졸리면 자고 싶은 욕구가 강해지며, 힘들면 쉬고 싶은 욕구가 생긴다. 현재 수요보다 공급이 과잉인 시대로 변화하면서 생리적 욕구를 채워주는 수많은 제품이 넘쳐난다. 이로 인해 비만, 운동부족, 성인병, 기타 여러 가지 문제를 야기하고 있으며, 과잉으로부터 발생되는 부정적인 환경은 다이어트 음식, 스포츠, 뷰티, 건강 제품 등 새로운 소비자 니즈를 창출할 수 있다.

② **안전에 대한 욕구**

신체적, 정서적, 경제적 위험으로부터 자신을 보호하려는 욕구이다. 낯선 사람보다는 낯익은 사람을, 모르는 것보다는 아는 것을 선호하는 성향 또한 안전의 욕구를 충족시키기 위한 방법이다. 고객은 물건이 잘 정리정돈되어 있고 제품을 직접 만질 수 있으며, 가격표와 제품사양 등이 보기 쉽게 정리되어 있을 때만 안전하다고 느낀다. 매장이 안전하다고 느낀 후에는 서비스 제공자의 용모, 복장, 자세를 보고 판단하게 된다. 최근 몸에 대한 관심이 증가하여 웰빙, 힐링 트렌드에 주목하는 고객들에게 안전을 넘어 편안함을 느낄 수 있도록 노력하여야 한다.

③ **사회적 욕구**

인간관계와 관련된 욕구로서 타인들과 어울리고 싶어 하며 어딘가에 소속되어 함께 하려는 성향이 짙은 욕구이다. 사랑, 소속, 연대감에 대한 욕구는 인간의 본성이다. 우리나라의 경우 소속에 대한 욕구가 더욱 크다. 예컨대 '제품'과 관련된 욕구가 아니라 '사람'과 관련된 욕구임에도 불구하고 사회적으로 가치를 인정받기 위해 본인이 추구하는 부류의 사람들의 패션, 명품, 자동차 등은 비슷한 사람으로 동일시해주는 역할을 한다.

④ 자아존중에 대한 욕구

인간은 지위, 자존, 존경, 명성 등을 부여 받으며 사회적으로 타인들로부터 존경과 체면에 서게 된다. 자아존중감은 자기 자신을 얼마나 믿는지의 자신감과 다른 사람으로부터 사랑을 받을 만하다는 자아가치로 구성된다. 의미 있는 타인으로부터 존재를 인정받고, 자기 스스로 세운 계획의 행동 과정과 실천에 칭찬을 받으며, 작은 성공을 체험하면서 향상된다.

⑤ 자아실현의 욕구

생리, 안전, 소속, 지위 등에 대한 욕구가 충분히 만족되었을 때, 자아를 완성하고 자신의 잠재력을 발휘해보고자 하는 욕구이다. 다른 사람의 인정보다는 스스로 느끼는 만족감에 의해서 충족되는 부분이 훨씬 강하며, 하는 일의 과정 하나하나에 의미를 부여하고 느끼면서 실행하는 것이다. 따라서 물질적 욕구와 사회적 욕구를 뛰어넘는 정신적인 자기만족과 잠재력을 극대화하기 위해 끊임없는 노력이 필요하다.

3. 고객접점(MOT)의 이해

스페인 투우 용어인 'Moment De La Verdad'를 의미하는 것으로 마케팅학자 리차드 노만(R. Norman)이 서비스 품질관리에 최초로 사용한 용어이다. 투우경기에서 소의 삶과 죽음을 가르는 일대일의 대결이 결정적 진실의 순간인 것처럼 기업에서 가장 중요한 결정적 순간은 고객과 만나는 짧은 순간이며, 관리되지 않는다면 서비스품질은 낮아진다. 즉, 기업의 이미지나 생존을 결정짓고 성패와 인식을 결정할 수 있는 중요한 요소가 고객접점인 것이다.

고객은 자신의 기억 속에 기업에 대한 자료를 모두 가지고 있다. 철저하게 고객의 기억 속에 각인시키고 충성고객으로 만들기 위해서는 고객의 접점 가운데 가장 중요한 요소인 관심, 애정, 편의성과 제공하는 서비스의 장점을 고객에게 인식시킨다. 따라서 기업의 신뢰수준에 따라 생명력이 결정됨을 반드시 기억해야 한다.

고객접점(MOT)

MOT는 다음과 같이 요약할 수 있다.

'투우사가 소의 급소를 찌르는 순간'
'고객과 기업이 만나는 15초간의 진실'
'피하려 해도 피할 수 없는 순간'
'진실의 순간'
'실패가 허용되지 않는 매우 중요한 순간'
'만족과 불만족을 가리는 15초의 순간'

1) 충성고객관리 필요성

기존고객관리 유통개념 중 가장 대표적인 가치척도의 법칙은 파레토의 '80 : 20의 법칙'이다. 즉, 전체 수익 중 80%를 20%(충성고객, 단골손님)가 책임진다는 것이다. 모든 고객을 상대로 감성만족 전략을 펼치기엔 시간과 제약조건이 너무 많기 때문에 고객을 차별화하고 지속적으로 관리하는 전략을 구사하며 기존고객, 충성고객을 중심으로 고객의 이탈을 방지할 수 있는 고객관계관리(CRM)가 이루어져야 한다. 아래 그림과 같이 세 가지 모두가 충족된다면 충성고객이라 할 수 있으며, 평생고객을 만들기 위해 적극적인 자세가 필요하다. 서비스 내용과 행위만은 충성고객을 만들 수 없고, 서비스제품의 기능과 가격을 판매하기 전에 직원들은 고객 눈높이에 맞춰 접객할 수 있어야 한다. 또한 한 순간의 실수도 용납되지 않기 때문에 고객의 구매 민감도를 파악하여 서비스 제공자는 '나' 스스로가 최상의 상품이 되기 위해 노력해야 할 것이다.

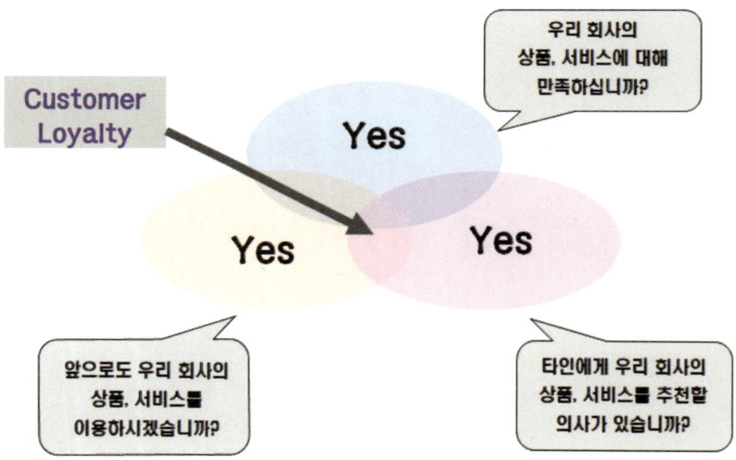

고객충성도(Customer Loyalty)의 의미

2) 고객에 대한 새로운 패러다임 인식

현대사회를 3C시대라고 한다. '3C'란 Customer(고객), Change(변화), Competition(경쟁)으로 이제는 고객이 회사 또는 상품을 선택하는 시대가 되었다. 즉, 기업입장에서는 상품을 판매하기 어려운 시대가 되었고 고객입장에서는 고객이 주도하는 시장이 형성된 것이다.

'4차 산업혁명'이라 부르는 AI인공지능과 공존하는 세상 속에서 기업의 직장인이 겪는 변화와 경쟁은 깊은 연관이 있으며 인공지능이 할 수 없는 분야의 능력이면서 기업에 이익을 가져오고 소비자의 가치를 창출할 수 있는 무언가를 만들어내는 능력(Know-What)이 필요하다.

고객과의 상생을 추구하는 기업 마인드와 고객만족서비스를 사용하는 고객이 '파트너'로 인식하여 태도와 행동의 지속적인 변화를 주는 것보다는 패러다임을 변화시킬 때 비로소 획기적인 개선이 가능해질 것이다.

따라서, 시장이 완전 개방되어 경쟁이 더욱 치열해진 만큼 하드웨어적인 기술개발에 집중하면서 소프트웨어적인 측면인 인적 자원을 최대한 활용해야 한다. 또한 높은 수준의 서비스로 경쟁의 시대를 극복하고 앞으로는 새로운 패러다임 전환의 시대에 맞춰 고객을 새롭게 인식하는 것이 중요하다.

4. 고객만족 카운슬링

카운슬링은 의학용어로 의사가 환자에게 병력 및 증상을 질문하여 진단하고 처방하는 것에서부터 시작되었다. 이에 각종 산업에서 고객이 전문가와의 커뮤니케이션을 통해 조언을 얻는 과정의 의미로 확대되었다.

일본에서 '경영의 신'으로 불리는 마쓰시타 고노스케는 '영업이란 고객의 불편한 점을 해소해 주는 대가로 돈을 받는 일이다'라고 했다. 결국 고객만족 카운슬링은 고객의 내면 및 외면적인 만족을 채우기 위해 전문가적 지식을 통해 조언하며 분석하고 고객을 납득시키는 중요한 일이라 할 수 있다.

1) 카운슬링의 5단계

① **1단계 : 친밀감 형성**(고객과의 첫 만남이 이루어지는 단계)

영업에 실패하는 사람들을 보면 고객의 취향이나 성격, 관심사, 자금 사정에는 관계없이 성급하게 결론을 강요한다. 그럴수록 고객은 강하게 거절하기 때문에 고객에 대해 더 많이 알 수 있는 질문을 던지고 고객을 먼저 파악하여 신뢰감을 얻을 수 있는 방법을 모색하여야 한다.

② **2단계 : 내면적·외면적 부분 탐구**(고객의 추상적인 것을 구체화시키는 작업)

고객의 주의를 끌기 위해서는 호기심을 자극하고 흥미를 불러 일으켜야 한다.

③ **3단계 : 이미지 구성**(라포, Rapport : 형성을 통해 믿음과 이해를 공유하는 감정의 상태)

자신감 있는 열정으로 무장하여야 한다. 간혹 고객이 안심한 표정을 짓더라도 뚜렷한 방법론을 제시하지 않으면 다시 불안해할 수 있으므로 구체적인 방법을 제시하는 것이 좋다.

④ **4단계 : 고객의 욕구 충족**(서비스 행위가 이루어지는 단계)

고객의 선택이나 행동의 결과가 어떤 것인지를 구체적으로 알려주어 그것을 얻고 싶다는 욕구를 갖게 하며 고객의 의사결정에 기폭제 역할을 하게 한다. 또한 신뢰성 있는 시각적인 자료를 보여주거나 흔히 볼 수 없는 희귀한 자료, 믿을 만한 자료, 전문 자료, 수많은 사람들의 경험을 수집한 자료 등을 제시해 실제 이익과 혜택 등을 나열하여 설득력을 높인다.

⑤ **5단계 : 고객만족의 이미지 남기기**(서비스행위 종결 후 다음 구매와 연결고리를 만드는 단계)

고객에 대한 구체적인 정보를 바탕으로 차별적인 제품 및 맞춤 서비스를 제공하며 관계를 지속적으로 유지하는 동시에 고객의 평가가치를 극대화하여 긍정적인 이미지를 구축한다.

CS &
ImageM

3

비즈니스 커뮤니케이션

1. 커뮤니케이션이란
2. 언어적 커뮤니케이션 스킬과 이미지메이킹
3. 비언어적 커뮤니케이션 스킬과 이미지메이킹
4. 커뮤니케이션의 개선방법

Making

1. 커뮤니케이션이란

커뮤니케이션(Communication, 의사소통)이란 조직 내에서 정보를 교환하며 리더십, 횡적인 협조관계, 개인적인 만남, 고객과의 만남 등 모든 인간관계를 말하며, CS는 효과적인 의사소통에 의존함과 동시에 상하관계의 철저를 기하기 위한 기술을 말한다. 개인이나 집단 내에서 인간관계의 제1차적이고 가장 기본적인 수단은 의사소통이며, 인간관계 연구에서 가장 중요한 위치를 차지하고 있다. 미국의 사회학자 앨버트 메르비안은 55% 정도는 비언어적 몸짓, 38%는 어조, 억양, 음성 등이며 7% 정도는 말로 이루어진다고 했다.

과연 서로를 이해하기 위해서 필요한 것은 무엇일까? 여기서 '이해한다'를 영어로 표현하면 'understand'이다. 이는 'under + stand'로 나누어 볼 수 있는데 '거꾸로 선다'는 것은 '입장을 바꾸어 생각한다'는 의미로 해석할 수도 있다. 즉, 서로를 이해하기 위해서는 상대방의 입장이 되어 한 번 더 생각해보는 지혜가 필요하다는 의미이다. 너무 일반적이고 고전적이지만 커뮤니케이션의 진리이고 상식이다.

최근 정보통신기술의 급속한 발달과 함께 사회·경제 각 분야에서의 경계 파괴로 융·복합을 통해 새로운 비즈니스 모델이 창출되고 있고, 산업 간 지식, 정보, 기술의 소통이 활발해지고 있으며, 시·공간의 제약을 뛰어 넘는 페이스북, 트위터, 카카오톡, 밴드와 같은 SNS(social network service)가 보편화되면서 언제(anytime), 어디서나(anywhere), 누구와도(anyone) 실시간으로 소통할 수 있는 시대가 되었다. 반면에 SNS 등의 e-커뮤니케이션, 모바일 커뮤니케이션 채널을 통한 소통 문화가 확산되면서 개인 프라이버시 침해, 불법정보 유포, 소셜 커머스 피해, 스팸 메시지 등과 같은 부작용으로 막대한 사회적 비용이 발생하고 있으며, 이로 인해 가족이나 친지, 동료 간의 대화 단절, SNS 피로감과 같은 문제가 사회적 이슈로 제기되고 있다. 즉, 커뮤니케이션이란 두 사람 이상의 사람들 사이에서 언어, 비언어 등의 소통 수단을 통하여 자신들이 가지고 있는 생각, 감정, 느낌과 사실, 정보, 의견을 전달하고 피드백을 받으면서 상호작용하는 과정으로, 가정, 학교, 직장과 같은 사회생활 전반에서 개인의 행복을 결정하는 중요한 기술이다.

커뮤니케이션의 특징

- 상호 이해를 목적으로 한다.
- 다른 사람에게 의미를 전달하는 과정이다.
- 두 사람 사이에 감정, 태도, 신념, 생각, 사실 등을 전달하는 과정이다.
- 메시지(생각과 감정, 정보와 의견, 의미)를 교환하는 과정이다.
- 언어적, 비언어적 상징을 통하여 전달된다.
- 사람들이 서로 간에 영향을 주고 받으며, 서로를 이해해 나가는 과정이다.

2. 언어적 커뮤니케이션 스킬과 이미지메이킹

언어적 커뮤니케이션은 가장 중요시되고 많이 쓰이는 의사소통의 수단이다. 첫 번째로는 서로 마주 보고 하는 대면적(face to face)인 대화이며 사회 작용, 즉 접촉에 대한 욕구를 만족시키는 상호간의 쌍방적 의사소통(two-way communication)이다. 그러나 녹음이 되지 않는 이상 영구적인 기록이 불가능하다. 언어적인 것은 문서적인 것에 비해 쉽고 즉각적이어서 가장 많이 선호하지만 문서로 의사소통할 때보다 어휘 선택이 신중하지 못하거나 사전 계획이 어려운 한계성이 있으며 통신을 이용한 비대면적인 대화, 토의를 통한 회의 등도 포함된다.

다음으로는 문자, 문서 등이 있다. 이는 상호작용의 기록을 유지하고자 하거나 언어적 수단으로 전달하기 어려운 전문적 · 기술적 보고서 등에 활용된다. 이는 언어적인 의사소통의 한계를 극복하기 위하여 사용되기 때문에 정확성을 요하며 명확성을 보장한다는 점이 최대 장점이기는 하지만, 일반적 의사소통(One-way communication)이라는 결정적 단점을 가지고 있다. 상의하달의 명령문서의 경우가 일반적인데 무엇보다도 책임소재를 분명히 해야 할 경우, 복잡한 세부항목의 나열이나 숫자를 수반하는 경우, 상사의 명령을 수행함 등에 있어 사용된다. 대규모의 조직체에서 하향식, 상향식, 횡적 정보전달의 목적을 촉진시킬 수 있는 사내보 등도 많은 사람들에게 기사와 정보를 제공하는 공식적 커뮤니케이션에 포함된다.

1) 경청의 기술

미국 세계 최대의 전기 기기 회사인 제너럴 일렉트릭(GE)사에서는 임원진을 교육할 때, 단어의 철자를 이용하여 가르친다고 한다. 예를 들어 리더(LEADER)라는 단어를 보면 다음과 같다. 첫 글자 L은 listen으로서 '경청하다'는 뜻이다. 직원의 주장에 대해 진지하게 귀를 기울이는 자세를 가지라는 것이다. 다음의 E는 'explain(설명하다)' 또는 'educate(가르치다)'이며, A는 'assist(돕다)', D는 'discuss(토의하다)', E는 'evaluate(평가하다)',

R은 'response(대답하다 또는 책임지다)'로 풀이하는 것이다. 이 가운데에서도 특별히 중점을 두는 것은 제일 앞의 '경청'이라고 한다. 동료나 후배의 말이나 의견, 희망 사항을 잘 들어줄 줄 알아야 리더가 될 수 있다는 것이다. 대부분 우리는 상대방이 전달하고자 하는 의사의 앞부분만을 듣고 그것을 토대로 자신의 생각을 주장하거나, 아니면 상대방이 전달하고자 하는 진정한 의사를 정확히 이해하지 못한 채 각자의 주관적 가치관에 입각한 동문서답식의 반응을 보일 때가 많다. 이런 식이면 말을 통해 지식을 얻을 수 없을 뿐만 아니라, 인간관계에서의 대화 역시 불가능해지게 된다. 따라서 말하기에 앞서 상대방의 말을 제대로 듣는 경청 방법은 다음과 같다.

- 잘 듣는다는 것은 생각이나 기분을 상대의 입장에서 이해하고 느끼는 것으로 듣는 것으로부터 시작한다. 고객이 표현하는 욕구를 확실히 이해하며 고객의 말에 적극적으로 박자를 맞춰주는 기술이 필요하다. 이로써 고객은 주연이고 영업자는 기꺼이 조연이 되어야 하며 연기를 잘하는 조연은 주인공을 빛나게 한다는 것을 명심하라.

- 자신을 고객의 입장에 놓고 고객의 욕구, 욕망, 관심에 부합하고자 노력하며 감정이입을 보여 준다. 흥미를 가지고 듣게 되면 상대방 마음에 활기를 주며, 선입견 없이 열린 마음으로 들을 수 있어야 공감대를 형성하여 긴장된 분위기를 전환할 수 있다.

- 동양인 최로로 노벨상을 수상한 타고르는 이렇게 말했다. '해머로 자물쇠는 열리지 않는다. 자물쇠에 맞는 열쇠라야 맞는다.' 이처럼 고객의 니즈를 파악하는 것은 가장 중요하다. 따라서 질문은 고객의 마음속에 담긴 진의를 파악하는 유용하고 핵심적인 도구이다.

2) 음성의 기술

TV를 보거나 라디오를 들을 때 사회자나 출연자의 목소리가 거슬려 채널을 돌리는 경우가 있다. 꼭 방송인이 아니더라도 음성이 나쁘면 사회생활을 하는데 있어 마이너스가 되는 것이 사실이다. 사람의 이미지를 결정하는 데 표정이나 용모, 복장 등 눈에 보이는 것 못지않게 중요한 것이 바로 음성이다. 즉 음의 높이, 음량, 속도, 억양, 음질 등을 효과적으로 사용해야 한다.

① 음질의 개선

목소리의 질은 고객들의 반응에 영향을 미친다. 신경질적인 목소리, 쉰 소리, 콧소리, 금속성의 소리 등 타고난 부분이기도 하나 훈련이나 노력에 의해서 충분히 개선하여 좋은 음질을 표현하고 이미지를 향상시킬 수 있다.

② 억양의 강약

말의 강약, 어조에 변화를 주며 생기와 힘이 있어야 자연스럽게 말할 수 있다. 말이나 메시지를 강조하기 위해 음절을 조절하며 적절한 제스처를 취하면 내용에 설득력이 있게 된다.

③ 음의 높낮이

목소리는 상승작용을 하는 것이다. 한 사람이 큰소리로 말하면 상대방도 덩달아 목소리가 커지고 나중에는 싸움이라도 하는 것처럼 되어버려 다른 고객에게도 불쾌감을 주게 된다.

또한 음의 높낮이는 다양한 메시지를 추가하여 말이 의미하는 것을 판단하는 데 영향을 미칠 수 있다.

④ **말의 속도**

말의 속도는 메시지를 받고 정확하게 판단하는 데 영향을 미치기 때문에 말이 빠른 경우 듣는 사람이 불안감을 느끼게 되며, 일을 빨리 처리하려고 하는 경우로 들리기도 한다. 또 반대로 너무 느릴 경우 산만하고 주의집중이 되지 않으며, 고객의 요구에 응대하기 싫어 성의가 없는 것처럼 여겨질 수도 있다.

⑤ **음량의 조절**

성량이 작고 발성이 나쁜 말투, 푹 가라앉는 말투, 우울한 말투, 맺고 끊지 못하고 끝없이 이어지는 말투를 쓰고 있다면 작심하고 고치는 것이 좋다. 주위 상황과 공간의 크기, 듣는 사람의 여건에 따라 적절히 음량 정도를 조절하여 밝은 목소리로 말한다. 특히 소음이 많은 곳에서 목소리를 너무 작게 내는 것은 고객을 짜증나게 할 수도 있고 무성의한 응대 태도로 느껴질 수도 있다. 목소리나 말투를 고치려면 녹음기에 녹음을 해두었다가 자신이 어떻게 말하는지 들어보는 것도 좋은 방법이다.

3. 비언어적 커뮤니케이션 스킬과 이미지메이킹

'성공하는 사람에게는 표정이 있다.'라는 말이 있듯이 그 사람의 감정이 겉으로 드러나는 것을 의미하며, 표정은 이미지메이킹에서 핵심적인 키워드이다. 얼굴은 수십 가지의 감정을 표현하며 기분상태, 건강상태, 교양 정도를 가늠할 수 있다. 심리학자인 미국의 제임스와 덴마크의 랑케는 '사람은 슬퍼서 우는 것이 아니라 울기 때문에 슬퍼지는 것이고, 즐거워서 웃는 것이 아니라 웃기 때문에 즐거워진다.'는 심리이론을 밝혔다. 미소는 친근한 관계나 무엇에 대한 긍정의 의미를 지닌 대표적인 비언어적 신호의 하나이고 대인관계에 있어 첫 만남의 중요한 요소가 되며 사람의 신체 중에서 가장 표현력 있고 눈에 띄는 신체언어이다. 특히 표정은 자신의 속마음을 감추려 해도 포커페이스를 하지 못하면 드러나게 되므로 더 강력한 작용과 효과를 보여줄 수도 있으므로 언어적 커뮤니케이션의 보조적인 역할을 넘어 중요한 의사소통 수단으로 인식해야 한다. 비언어적 커뮤니케이션은 세계인의 공통어라고 하는 것이 신체언어(Body Language)를 통한 의사소통이다. 보디 랭귀지라 하며 얼굴, 체격, 체형, 태도, 자세, 목소리, 의상, 두발, 화장, 미소 등과 접촉을 통해서 표현하게 되는 관심, 신뢰, 애정, 흥미, 호의 등을 포함한다. 따라서 비언어적 커뮤니케이션은 상대와 상황에 따라 수많은 말보다도 더 강력한 의사소통의 요소가 되기도 한다.

1) 비언어적 커뮤니케이션 시 유의점

사람은 말을 배우기 시작할 때 직접적인 대화보다는 신체언어를 먼저 습득한다. 즉, 사람이 먼저 태어나서 가장 먼저 접하는 언어가 바로 신체언어이다. 신체언어에는 얼굴표정, 눈 맞춤, 제스처, 자세 등이 있다. 무심결에 나타나는 버릇 때문에 조직의 가장자리에서만 맴돌거나 인사에 불이익을 당하는 경우가 있다. 예를 들어서 앉으면 다리를 떨고, 걸을 때 머리를 숙이고 걷거나 산만하고 불안한 개인적인 습관 등의 행동은 근심이 있거나 불안해 보이고 어떤 것을 숨기고 있다는 사실을 시사하는 부정적인 이미지를 주게 된다.

따라서 비즈니스와 인간관계 형성에 방해가 될 수 있는 유의점을 알아보도록 하자.

- 상대를 만지거나 손으로 때리면서 대화하는 것
- 상대의 옷을 잡아당기는 행동
- 자신의 몸을 긁거나 머리카락, 얼굴을 만지면서 말을 하는 것
- 자신의 입술을 물거나 핥는 행동
- 손가락으로 두드리거나 다른 도구를 이용하여 만지작거리는 것
- 대화 도중 음식물, 껌을 씹는 것

4. 커뮤니케이션의 개선방법

1) 개선방법

① 역지사지(易地思之)의 태도

커뮤니케이션의 목적은 정보, 지식, 감정, 의사 등을 함께 나누는 것이다. 나눈다는 것은 '상대와 같은 것을 가진다.'는 것이기도 하다. 이 교감이 전달되어야 비로소 커뮤니케이션이 성립되었다고 볼 수 있다. 커뮤니케이션의 발신자와 수신자가 서로 상대방의 태도, 신념, 성격을 이해하는 노력을 해야 한다. 예를 들어, 건강한 피부를 가진 사람들은 그렇지 못한 사람들의 심적 부담감이나 열등감을 이해하기 어려우며 쉽게 얘기하는 경우가 많아 상대가 작은 일에도 상처를 받게 된다. 고객의 정신적인 고통이 심하다면 그런 고객의 마음을 이해하려 애쓰고 그 입장에서 신중한 단어 선택과 대화를 꾀하려 노력해야 한다.

또한 공식적 커뮤니케이션에 맞는 비공식적 커뮤니케이션을 사용하여 고객이 진정 원하는 것이 무엇인가를 확실히 검토하여 심리적인 에너지를 끌어내고 서로 공감하며 신뢰감과 연대감을 견인하기 위해 노력해야 한다.

② 상황에 맞는 커뮤니케이션 매체의 선정

사람은 살아가면서 공동체 생활을 할 수 밖에 없기 때문에 대화는 다양한 상황에서 이루어진다. 대화를 하는 당사자들의 심리상태에 따라 서로를 대하는 방식이 달라지고, 결국 대화의 결과도 커다란 차이를 나타낸다. 조직 내에서 커뮤니케이션 매체를 선정할 때 크게 언어적 매체와 문서적 매체로 나눌 수 있다. 조직의 공지사항이나 정책에 관련된 것을 전달할 때는 서면을 통한 문서적인 매체를 사용하는 것이 좋다. 대인관계의 해결, 즉 업무의 불충분, 구성원들 간의 갈등조율 등 직원에 대한 문제들은 언어적인 매체를 통해 처리할 수 있다. 손뼉도 마주쳐야 소리가 난다는 말이 있듯이 서로 커뮤니케이션을 통해 코드를 맞춰 소통의 효과를 증진시켜야 한다.

③ 귀에 착 달라붙는 메시지

커뮤니케이션의 메시지는 사실, 자료, 정보, 의견과 같은 객관성을 요구하는 메시지와 생각, 의미, 감정, 느낌과 같은 주관성이 내포된 메시지로 구분된다. 이 두 가지 메시지는 개별적으로 교환되는 것이 아니라 대부분 복합적으로 교환된다.

예를 들어 숫자를 넣으면 메시지가 복잡해지기 쉽다. '일본 통치시절부터 친일파가 가지고 있던 전국의 땅 면적이 몇 만 제곱미터'라고 아무리 설명해도 머릿속에 잘 안 들어온다. 하지만 그 땅을 두고 '여의도 면적의 몇 배'라고 하면 순식간에 이해가 된다. 이렇듯 우리가 흔히 알고 있는 이미 몸으로 체화된 단위를 가지고 단순하게 이야기하면 쉽게 전달된다. 귀에 착 달라붙는 메시지야 말로 설득력이 있고 단순하며 명쾌한 메시지다.

CS &
ImageN

4

고객 컴플레인의 처리

1. 고객 컴플레인과 클레임의 차이
2. 도적적인 고객의 특성 및 유형과 대응전략
3. 불만고객응대와 기본원칙
4. 고객 심리분석의 중요성 사례

Making

1. 고객 컴플레인과 클레임의 차이

고객이 불만을 표현하는 것은 그 원인에 따라 크게 클레임과 컴플레인으로 구분할 수 있다.

컴플레인은 고객의 주관적인 평가로 불만족스러운 메뉴 및 서비스에 대한 불평을 전달하는 것을 의미한다. 고객의 감정이 개입된 것으로 직원의 태도가 불친절하다고 지적하는 경우, 주문한 메뉴가 늦게 나왔을 경우, 필요한 식기류 제공이 안 되었을 경우 등이다.

클레임은 어느 고객이든 제기할 수 있는 객관적인 문제점에 대한 고객의 지적이라 할 수 있다. 예를 들어 고객에게 제공된 음식에 머리카락, 수세미 등 기타 이물질이 들어있는 경우, 식중독이 걸렸을 경우, 신발을 분실했을 경우 등 매장에 들어서면서 식사를 하고 나가기까지 고객이 업소를 이용할 때와 식사를 하는 데 있어서 불만사항에 대한 수정사항 및 배상요구의 의미가 더해진 것을 뜻한다.

동일한 문제 상황에 처해 있다 하더라도 컴플레인으로 발생할지, 클레임으로 이어질지는 고객성향에 따라 예기치 못한 상황에 따라 발생한다. 때문에 문제가 발생하면 적재적소에 따라 빠른 시간 내에 해결함과 동시에 직원이 진심으로 사과하는 마음을 전달해야 한다.

1) 유형과 발생원인

① 회사(직원)측에 잘못이 있는 경우

- 구입한 상품이 불량이거나 품질이 나쁜 경우
- 고객에 대한 접객 서비스가 불친절한 경우
- 상품지식, 사용방법에 대한 지식이 부족한 경우
- 상품의 취급 부주의, 약속 불이행

② 고객측에 잘못이 되는 경우

- 지식, 인식의 부족 혹은 기억의 착오, 오해
- 성급한 결론, 독단적인 해석
- 사정의 변화
- 고의, 악의(할인의 구실 등)나 고압적인 자세, 손님 입장 주장

2) 처리기법

① 심리적 안정 유도 요령

- 진심으로 사과한다.(3번 원칙)
- 접수자보다 상위 직급자 또는 본사로 상황이관한다.(고객이 원치 않아도)
- 다른 직원이나 고객과 차단된 장소로 상담 장소를 이전한다.
- 고객이 감정정리를 할 수 있는 시간적인 간격을 둔다.(차를 접대한다든지 상담 장소를 바꾼다)
- 잘 처리된 유사건의 예를 소개하여, 고객의 불안감을 제거한다.

② **주의할 점**

- 고객의 항의내용을 부정하거나 무시하지 말고, 잘못(무리한 점)을 지적하지 말 것
- 고객의 말을 자르지 않으며 듣기에 주력하고 말을 절제할 것
- 고객의 감정이나 의도에 말려들지 말고 진정한 보상은 심리적인 것이란 걸 잊지 말 것
- 고객과의 약속을 어기지 말 것
  - 시간약속 : 처리를 약속한 경우, 처리과정을 중간에 알리기로 한 약속을 철저히 지킬 것
  - 보상약속 : 물질적인 보상을 절대 지나쳐서는 안 될 것
- 계산된 손해의 액수보다는 자존심의 보상임을 알고 적절히 대처하여 2차 클레임을 방지할 것

3) 컴플레인과 클레임에 대한 사고전환

① **클레임 고객을 원만히 응대, 처리해야 되는 이유**

- 판매비 측면 : 기존 거래 고객(단골고객) 〈 신규고객(잠재고객)
- 악성구전 사전방지 → 잠재고객 이탈을 방지할 수 있다.
- 경영진의 유용한 정보를 얻을 수 있다.
- 고객 유지율을 증가시켜 이윤을 높일 수 있다.

② **구전효과**(Word of Mouth)

- 일반적 구전내용 : 개인적 경험, 타인경험, 대중매체 습득 내용
- 신뢰성 : 만족구전 〈 불만족 구전(1명의 불만족 고객 9~10명에게 악성구전 전파)
- 불만족 구전고객의 외적 영향
  - 충고습득 → 부정적 평가확인 → 동료 유사문제 재발방지
  - 판매자 평판(판매자 과오) 낮아짐

2. 도전적인 고객의 특성 및 유형과 대응전략

1) 도전적인 고객의 정의

도전적인 고객이라 함은 문제와 두려움을 가지고 있는 고객이며, 우리에게 진실된 의사소통을 요구하는 고객이라고 정의할 수 있는데 쉽게 말해서 어떤 이유에서든 응대하기 힘든 고객 즉, 상대하기 껄끄러운 고객이라고 정의할 수 있다.

'열길 물 속은 알아도 한 길 사람 속은 모른다.'라는 말처럼 알다가도 모르는 게 사람의 마음이다. 고객과 만나서 대화를 하다보면 말이 서로 잘 통하는 것 같다가도 막힐 때가 있다. 고객의 입장도 마찬가지이다. 그 고객은 직원이 오히려 말귀를 알아듣지 못한다고 답답해 할 수 있다. 모든 고객은 천편일률적이라고 생각한다면 획일적으로 응대할 수밖에 없기 때문에 무리수를 두게 되고 갈등이 생기며 불만이 쌓일 수 있다.

따라서 도전적인 고객을 만들지 않기 위해서 서비스 담당자들은 고객의 다양성을 존중하고 고객 특성과 원인 파악, 사전예방 대응책, 해결방법을 분석하여 불만족한 부분을 진심어린 마음으로 받아들여 고객뿐 아니라 함께하는 내부고객 즉, 직장동료, 상사의 성향에도 적용하여 원만한 관계에 도움이 될 수 있도록 해야 한다.

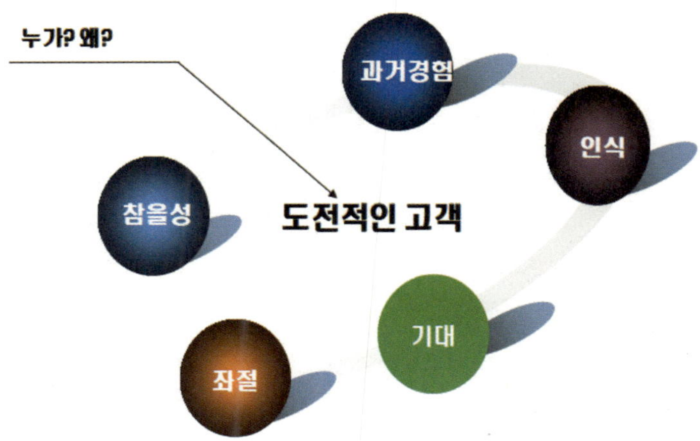

2) 도전적인 고객의 유형과 대응전략

① 언어적·문화적 장벽을 가진 고객

최근 국제사회라고 하여 우리 사회에 다문화 가정들과 다른 문화권의 사람들이 계속 증가하고 있다. 예전에는 영어를 제2의 언어로 단정지었지만 현재는 중국어, 일본어, 불어 등 언어가 매우 다양해졌으며, 고객서비스 담당 직원의 채용조건으로 특정 언어의 유창성을 요구하고 있는 경우도 늘고 있다. 의도한 메시지를 전달하기 힘들다면 외국어로 말할 수 있는 동료에게 부탁을 해보거나 종이에 써 주는 경우, 번역기를 활용하는 경우, 이 모든 것이 잘 안된다면 보디 랭귀지를 사용하여 이해시키기 위해 노력하며 반복해서 확인하는 것 또한 필요하다.

본인이 근무하는 지역에서 가장 흔하게 다루어지는 외국어가 무엇인지 고객 출신국의 전통과 거래관습, 관심사, 신념 등에 대한 정보를 알기 위해 노력한다면 더 많은 도움이 될 것이다.

② 노인 고객

사회는 점차 노령화 되어가고 있으며, 이것이 명백해짐에 따라 노인 고객의 특성을 파악하는 것이 더욱 더 중요해지고 있다. 의사결정을 할 능력이 없고 자유재량 소득을 거의 가지고 있지 않은 사람을 노인의 전형으로 보는 것은 옛날 생각일 뿐이다. 예전에 비해 오늘날의 65세 이상 고객은 독립적이고, 적극적이며, 자급자족할 수 있고, 마음껏 인생을 즐기며 살고 있다.

매년 키워드를 보편화시키는 서울대학교 김난도 교수의 '2020 트렌드코리아'에 선정된 핵심키워드 중 오팔세대(Iridescent OPAL : the New 5060 Generation)란 기존의 실버시대, 베이비부머 세대 등으로 칭해지던 중장년층을 의미하며 58년 개띠에 초점을 맞추어 오팔이라고 한다. 이를 통해 가족과 사회를 위해 희생해오던 세대로서 자신을 위해 살아가는 법을 깨달아 변화하고 있음을 강조하였다.

노인 고객들은 특별한 관심을 요구하며 이들의 구매력 또한 매우 크다. 위 내용을 보면 알 수 있듯이 고객서비스 담당자는 노인 고객을 다룰 때 그들에 대한 존경심과 관심을 표현하면서 대해야 한다. 작은 글씨를 읽는 데 어려움이 있다면 밝은 장소로 안내를 하거나 읽어 주고 듣는 데 어려움이 있다면 입술 움직임을 볼 수 있도록 아이 컨택하며 적절한 속도로 명확하게 설명한다. 노인 고객과 상호작용할 때 항상 높은 수준의 존경심을 보이고 이들의 자존심 유지에 대한 욕구를 알아차려야 한다.

또한 노인 고객들은 현재의 발전한 과학기술이며 스마트 폰과 친숙하지 않을 수 있다. 만일 고객이 현재 업무 현장에서 일하지 않거나 컴퓨터나 팩스, 모바일 뱅킹 등을 다뤄 보지 않아서 사용법을 잘 모르는 것처럼 보인다면 적극적으로 도와드리고 고객 만족을 창출하기 위해 노력해야 한다.

③ 참을성이 없는 고객

오늘날 사람들은 '빨리빨리'의 시대에 살고 있으며, 개인과 직장생활로 인해 짧은 시간 내에 많은 일을 마치려고 시도한다. 성급한 고객은 재촉이 심하며 의자에 앉아 있기보다는 서서 일을 처리하려고 하며 직원의 행동이 빠른지 예의주시 하면서 한번에 많은 이야기와 질문을 한다. 고객을 만족시키기 위해서 분주하게 움직이고 있음을 보여주며, 불필요한 대화를 줄이고 업무에 관련 자료를 가까이에 두고 시간을 단축시킬 수 있게 신속히 처리한다. 고객에게 서비스 제공자의 목표는 가능한 한 효율적으로 일하는 것이라는 것을 인식시키고 시간을 투자할 만한 가치가 있는 회사라는 것을 보여주는 것이 중요하다.

④ 화난 고객

불행히도 분노는 고객서비스에 있어서 흔하게 나타나는 감정이다. 내부고객과 외부고객 모두 종종 분노를 경험한다. 소리를 지르며 화를 내는 고객은 자신의 의견이 관철되지 않았다고 생각하거나 무시당하고 있다고 생각하는 경향이 있기 때문에 자신의 입장을 알리기 위해서 주변 사람들이 다 들리도록 큰소리를 치면서 주위를 불안하게 만들고 동요시킨다. 상황이 진정되지 않고 점점 심해지면 다른 고객과 격리시키고 고객과 마주하여 대화를 바로 시도하기보다는 따뜻한 차나 음료 등을 대접하며 침착함을 유지하고 심리적으로 안정을 시키도록 노력한다. 담당 직원의 신속한 문제해결 능력은 고객과의 새로운 관계를 시작할 기회를 제공하고 긍정적인 결과를 가져올 수 있다.

⑤ 분석적인 고객

분석적인 고객은 사실을 요구하는 경향이 있고, 상품이나 회사에 관해 잘 알고 있는 사람과 이야기하고 있다는 것을 확인하고 싶어하기 때문에 물건에 대해 세심하게 짚어가면서 예리한 질문을 한다. 분석적인 사람은 그들의 감정을 잘 드러내지 않고 상대가 자신을 좋아하는지 아닌지에 대해 개의치 않고 감정에 대해서도 관심이 없으며 일관성과 증명을 좋아한다. 따라서 증명할 자료나 근거를 가지고 응대하며 수치, 통계 분석 등 대강 얼버무리면 일 처리를 대충하는 직원으로 오해받을 수 있으니 정확한 설명을 통해 안내한다.

⑥ 확실한 결정을 못하는 고객

어떤 고객들은 의사 결정하는 데 어려움을 가지고 있다. 신중하다보면 대화를 하거나 결정을 할 때 시간이 더 걸리고 조금 우유부단하고 망설이는 태도를 보인다.

확실한 결정을 내리지 못하는 고객은 그들이 상대를 실망시키고 싶기 때문에 의사 결정을 느리게 하는 것이 아니라는 것을 명심하며 빠른 결정하도록 돕기 위해서 가능한 대안들을 자세하게 설명하고, 여유로운 태도로 결정을 하도록 도와야 한다. 만일 고객이 준비가 되어 있지 않다면, 심사숙고하는 데 적절하게 생각해 볼 시간을 제시하는 것도 좋은 방법이다.

⑦ 거만한 고객

어떤 고객들은 서비스 제공자에게 자신이 우월하다는 인상을 주려고 노력한다. 이런 유형의 태도를 심각하게 받아들이지 않는 것이 중요하다. 이들은 자신이 남들보다 우월하다는 심리가 크고 주목을 받고 싶어 하며 타인이 자신을 인정해주기를 바라기 때문에 요구가 심하고 끊임없는 자랑, 큰 목소리, 자기 과시적인 표현을 하며 직원보다는 책임자에게 접근하려고 한다. 이런 고객에게는 잘난척한다고 거부반응을 보이기보다는 고객 유형 중에 하나라고 생각하고 고객의 장점을 찾아내면서 칭찬을 해주고 고객의 말에 맞장구를 치되 고객보다 말을 더 하지 않도록 주의한다. 이런 유형의 고객을 대할 때 담당자가 권하는 해결책이 그들의 지위를 높일 것이라는 것을 강조해라. 진짜로 누가 더 괜찮은지를 확인하기 위해 고객과 경쟁하고 싶은 유혹이 생길 수 있으나, 이것은 비생산적인 시간낭비이며 결국에는 어느 누구도 이기는 것이 아니다.

⑧ 미성숙한 고객

고객서비스 담당자는 자기 입장만을 생각하여 관철시키려고만 하는 미성숙한 고객과 상호작용할 경우가 많다. 기업이나 직원의 입장을 들으려 하지 않고 자신의 입장에 대한 말만 하려는 경향이 강하고 사용했던 물건을 환불하거나 마감날짜가 지난 혹은 지불하지 않은 청구서 등은 흔하게 발생하는 일이며 자기주장이 너무 강하여 상대방의 입장을 인정하지 않아 막무가내로 보인다. 해결을 위해서는 기업 정책의 중요성과 모든 고객을 공정하고 일관성 있게 대해야 함을 강조하며 유발되는 결과에 대해 솔직하게 말하고 혹시 질문을 한다면 완벽하게 대답하기 위한 노력이 필요하다.

⑨ 수다스러운 고객

수다스러운 고객은 외향적이고 재미있는 이야기를 많이 알고 있으며 함께 있으면 즐거울 수도 있다. 그러나 업무를 효율적으로 수행해야 하는 서비스 담당자로서 우리는 경계해야 하며 긍정적이고 열린 매너로 이들을 대해야 한다. 수다스러운 고객은 대화를 끝내기가 어렵기 때문에 시간이 제한돼 있다는 것을 암시하는 어구를 사용하며 질문과 관심을 함께 나누고 구체적인 질문을 함으로써 고객이 그 주제를 벗어나지 않도록 관심을 표현하며 고객의 지식과 능력의 진가를 인정함으로써 결론을 맺어라.

3. 불만고객응대와 기본원칙

1) 불만의 의의

- 서비스 질을 향상시키는 역할을 한다.
- 고객의 기대(Need)를 파악하는 중요한 정보의 근거이다.
- 기업의 입장에서 위협이 되기도 하고 기회가 되기도 한다.

2) 불만의 발생원인

- 기업의 문제
  불친절한 서비스, 업무처리 미숙 및 오류, 수준 이하의 서비스, 상품의 결함, 약속 불이행, 제도와 시스템의 불만
- 고객의 문제
  고객의 지나친 기대, 오해 및 부주의

3) 불만이 중요한 이유

- 기업의 입장
  자사 제품 및 서비스 평가, 신속한 불만 처리는 기업 이미지 향상으로 연결
- 직원의 입장
  고객 상담 스킬 향상, 업무 개선점 발견 및 방안모색

4) 불만고객응대의 기본원칙

① 피뢰침의 원칙

고객이 화를 내고 거친 언어를 사용한다고 해서 그것을 나에게 화내는 것이라고 생각해버린다면 누구든지 감정적인 동요를 일으킬 수 밖에 없다. 내가 아닌 우리 회사나 제도에 항의하는 것이라는 관점을 가져야 고객의 심한 언어로부터 자유로울 수 있다.

건물이나 자동차에 달린 피뢰침은 번개를 직접 맞지만 자신은 상처를 입지 않을 뿐 아니라 건물이나 자동차까지도 아무런 상처가 없도록 번개를 땅으로 흘려보낸다. 불만고객의 상담자도 피뢰침과 같이 직접 불만 섞인 다양한 고객들을 맞이하여 몸으로 흡수하고 회사나 제도에 반영한 후 다시 땅속으로 흘려보내야 한다. 이런 피뢰침과 같은 역할을 성실히 수행함으로써 회사와 조직은 상처를 입지 않을 것이다.

② 책임 공감의 원칙

고객의 비난과 불만이 나를 향한 것이 아니라고 하여 고객의 불만족에 대해서 책임이 전혀 없다는 말은 아니다. 우리는 조직구성원의 일원으로서 내가 한 행동의 결과이든 다른 사람의 일처리 결과이든 고객의 불만족에 대한 책임을 같이 져야만 한다.

간혹 공공기관에 전화를 해보면 자신의 일이 아니라고 하여 담당자를 바꾸겠다며 몇 번씩 전화를 돌리고서는 지금 자리에 없다면서 나중에 다시 전화하라는 경우가 종종 있다.

의사소통이 활발하고 유기적인 협조가 이루어지는 조직은 담당자가 없어도 옆자리의 동료들이 자신의 일보다 더 친절하고 깔끔하게 일처리를 해 준다. 이와 같이 고객에게는 누가 담당자인지가 중요한 것이 아니라 나의 문제를 해결해 줄 것인지 아닌지가 중요한 것이다. 고객의 불만이 나를 대상으로 하는 것이 아니라고 해서 책임이 없다고 한다면 '나는 무엇 때문에 이 자리에 앉아 있나' 생각해봐야 하는 숙제이다.

③ **감정통제의 원칙**

거친 고객들을 만나다 보면 자신도 모르게 자신의 감정을 드러내는 경우가 발생하게 된다. 인간은 너무나도 여린 동물이어서 남에게 부담을 주는 말을 하거나 상대방이 나에게 잘못을 지적하면 개인차는 있겠지만 기분이 꽤 유쾌하지는 않다. 특히 사람을 만나고 의사소통하고 결정하며 집행하는 것이 직업이라면 사람과의 만남에서 오는 부담감을 극복하고 자신의 감정까지도 통제할 수 있어야 한다. 인간관계에서 오는 부담감으로부터 자유로울 수 있는 사람은 없다는 말이다. 프로와 아마추어의 차이는 그것을 통제할 수 있느냐 없느냐의 차이다. 자신을 잃지 않고 감정을 지켜나가는 사람은 최후의 승리자가 될 것이며 그렇지 않고 잠시 감정의 끈을 풀어놓은 사람은 어느 순간에는 타인에게 끌려가게 될 것이다.

④ **언어절제의 원칙**

고객 상담에 있어서 말을 많이 하는 것은 금기시되어 있다. 자칫 말을 많이 하는 경우 고객의 입장보다는 자신의 입장을 먼저 고려하게 되기 때문이다.

벤자민 프렝클린은 이렇게 말했다.

"만일 당신이 사람들에게 따지고 상처를 주고 반박을 한다면 때때로 승리할 수도 있을 것이다. 하지만 그것은 공허한 승리에 불과하다. 왜냐하면 당신은 결코 상대방으로부터 좋은 호의를 얻어내지 못할 것이기 때문이다."

고객을 잘 응대하고 싶지 않은 사람은 없다. 다만 말을 절제하는 일에는 다들 실패하고 있다. 이것은 배설의 원리 중 하나로, 자신의 묵은 감정의 응어리들을 터뜨려 배설하는 것이야 말로 건강하도록 치유해주는 감정을 되살리는 길이 된다.

⑤ 역지사지의 원칙

우리가 역지사지의 원칙을 견지해야 하는 이유는 단 두 가지이다. 첫 번째는 고객 상담의 과정에서 누차 밝혔듯이 누구도 그 사람의 입장이 되어보지 않고서는 그의 마음을 알 수 없다는 것이다. 고객을 이해하기 위해서는 반드시 그의 입장에서 문제를 바라봐야 한다. 고객은 우리의 규정을 알지도 못하고 그 규정의 합리적 이유도 알지 못하며 업무가 처리되는 절차는 더더욱 알지 못한다. 우리는 고객이 마치 우리의 업무프로세서나 규정들을 모두 알고 있다는 것을 전제로 상담하고 있는 오류를 범하고 있다. 이런 착각은 의외로 큰 영향을 미치는데 직원들이 전문용어를 많이 사용하거나, '안 됩니다'라고 딱 잘라 말하는 경우 등이 모두 여기에 기인한다.

두 번째 이유는 고객에게 관심을 보여야만 우리의 말과 설명들이 고객의 귀에 들어가며 마음으로 이해해줄 수 있다. 그렇지 않으면 아무리 합리적인 이유를 말하고 훌륭한 미사여구를 사용한다 할지라도 고객은 결코 자신의 의견을 굽히지 않을 것이다.

결국 불만고객응대의 5가지 원칙의 핵심은 '나는 사람을 만나고 있다.'는 사실을 시종일관 잊어버리지 말자는 데 있다.

4. 고객 심리분석의 중요성 사례

1) 스튜 레오나드(Stew Leonard)

1969년 창업자 스튜(Stew)는 뼈아픈 기억이 있다. 슈퍼마켓을 오픈한지 얼마 안 되었을 때 '상품관리'를 제1원칙으로 삼고 있던 중 노인이 어제 산 달걀이 상했다며 반품을 요구하러 왔다. 중간관리자는 내가 그런 달걀을 판적이 없다며 "할머니가 잘못 취급한 것이 틀림없습니다."라고 말하자 "이 달걀을 들고 12마일이나 떨어진 곳에서 온 내가 헛소리를 하겠어! 좋아! 내가 눈에 흙이 들어가기 전에 이 마켓에 다시는 안 온다!"라고 화를 내며 돌아갔다.

이 사건 이후 스튜는 자신이 잘못했음을 뉘우치고 '고객 목소리대로 경영하자'라는 기업철학이 담긴 고객응대 신조를 4톤이나 되는 큰 돌에 새겨 두었다. 이를 폴리시 스톤이라 한다.

우리의 신조

규칙1. 고객은 항상 옳다!
The customer is always right!

규칙2. 만약 고객이 옳지 않다면 '규칙1'을 상기하라.
If the customer is ever wrong, reread rule 1.

스튜 레오나드는 고객들의 의견이나 직원들의 제안 중 채택된 안건에 대해선 대부분 24시간 내 반영하는 고객만족 시스템을 운영하였다. 그 예로 고객들에게 우유가 가공되는 과정을 직접 보여주며 우유 가공공장 주변에 상점건물을 세워 배달료 절감과 용기 규격화로 늘 신선한 우유를 선별 판매하면서도 일반소매 가격보다 가격 경쟁력을 가질 수 있었다.

이후 2만 여개 상품을 판매하는 일반 슈퍼마켓에 비해 900여 개의 상품만 취급하면서도 단위 면적당 세계 최고의 매출을 기록하는 토털 상점으로 급성장한다. 또한 매일 새벽에 배달된 신선한 생선을 진열해 놓았음에도 불구하고 '신선해 보이지 않는다.'는 주부들의 지적을 조사해보니 진열대 생선이 랩으로 포장되어 있어서 얼음 위에 있는 것보다 신선해보이지 않는 문제점을 발견하고 바로 그 다음날 얼음으로 채운 투명 진열대 위에 생선을 올려놓자 판매량이 2배 이상 올랐다. 이를 이어 녹색 플라스틱 용기에 포장된 딸기 판매방식에서 소비자들이 직접 맛있어 보이는 것으로 골라 담게 하는 오픈 셀프 방식을 채택하여 판매량을 증가시킨 사례도 있다. 또한 창의적 마케팅 개발을 위해 경쟁사나 유사 업종의 흥미로운 아이디어를 연구하는 직원 자체 동아리인 One Idea Club 활동도 적극적으로 지원하고 있다.

2) 월도프 아스토리아(Waldorf Astoria) 호텔

비바람이 세차게 몰아치는 늦은 밤에 미국 필라델피아의 작은 호텔에 어느 노부부가 들어와 '예약은 안했지만, 혹시 방이 있느냐'고 물었으나 그날은 주말이라 방이 모두 예약된 상태였다. 호텔직원은 방이 없어 죄송하다는 말을 했지만 흠뻑 젖은 채로 무거운 가방을 들고 난처해하는 노부부를 차마 돌려보낼 수 없었다. '객실은 없습니다만 이처럼 비도 많이 오고 새벽 1시나 되는 늦은 시간이니 누추하지만 제 방에서 하루 주무시면 어떨까요?' 라고 말했다. 노부부는 처음에서 사양하였으나 호의를 거절할 수 없어서 그 직원의 숙소에서 하룻밤을 보내게 되었고 다음날 아침 체크아웃을 하며 노신사는 친절한 직원에게 '당신은 미국에서 제일 좋은 호텔 사장이 되어야 할 분 같군요.'라는 고맙다는 인사를 한 후 떠났다.

그리고 2년이 지난 후, 그 호텔직원은 뉴욕행 왕복 비행기 표와 함께 자신을 방문해 달라는 노신사의 편지를 받았다. '비바람이 불던 밤 아내와 함께 젊은이 방에서 자고 갔던 사람이오. 젊은이의 친절을 잊지 못해 뉴욕에 아주 멋지고 큰 호텔을 지었습니다. 젊은이가 이 호텔의 경영을 맡아 주시겠소? 비행기 표를 함께 보냅니다.'

노신사는 뉴욕에 도착한 젊은 호텔직원을 데리고 중심가로 갔다. 대리석으로 만든 궁전 같은 호텔을 가리키며 말했다. '이 호텔은 당신이 경영하도록 내가 지은 것입니다.'

바로 이 사람이 당시 뉴욕에서 가장 크고 아름다운 아스토리아 호텔의 최초 지배인이며 호텔 왕이라 불리는 조지볼트다.

고객만족 서비스의 사건사고를 신속하고 공정하게 처리하는 것도 중요하지만 더 필요한 것은 작은 친절을 생활화하는 것이다.

이렇듯 진심에서 우러나오는 친절은 이렇게 상상할 수 없는 큰 행운으로 다가오기도 한다.

3) 페더럴익스프레스(federal express)

갑작스런 태풍으로 배달지로 가는 다리가 유실된 것을 알게 된 페덱스의 배달맨이 있었다. '24시간 이내 배달' 이라는 고객과의 약속은 천명이라고 생각한 그 배달맨은 회사 내 누구에게도 승낙을 받지 않고 헬기를 전세 내어 약속시간 내에 무사히 배달해 주었다. 그 일이 있은 후 그 날의 고객은 자신의 돈으로 직접 신문에 감사 광고를 냈다. 이렇듯 전 세계를 무대로, 세계인을 고객으로 하는 페덱스의 고객감동 사례는 헤아릴 수 없을 정도로 넘쳐난다.

서비스 받은 고객이 페덱스의 인기에 대해서 말할 때면 페덱스의 답변은, '여러분들은 탁월한 서비스에 익숙하지 않기 때문에 페덱스를 보면 매료되고 만다.'이다.

1973년, 기계류 등 장비 운송과 같이 서류봉투나 소프트웨어 칩도 주문 바로 다음 날 배달해 주는 리치 서비스를 주 마케팅으로 하는 회사가 설립되는데 이 회사가 바로 "페더럴익스프레스(federal express)"이다. 이 회사 사업 아이템의 씨앗은 창립자 프레드릭 스미스(Frederick W. Smith)가 60년대 예일대학 재학시절 발표한 자가용 비행기와 밴 van을 묶은 배달서비스 관련 경제학 논문이었는데 그때 그가 받은 학점은 'C'. 그 C학점의 아이템이 오늘날 세계 초일류 물류전문업체 페덱스를 일구어 낸 셈이었다.

백여 대에 이르는 수송비행기와 미식축구장의 20배에 달하는 멤피스의 메인 허브, 오클랜드를 비롯한 여러 곳의 서브 허브, 2만대가 넘는 배달용 밴 그리고 최첨단 스캐너와 컴퓨터 단말기가 고객의 수화물이 현재 어느 위치에 있는지 신속, 정확하게 파악하여 정보를 제공하고 있으며 만약 30분 내에 그 위치가 파악되지 않을 경우엔 수화물의 배달료를 무료로 하는 것도 이 회사의 방침이다.

그러던 어느 날, 화물이 적체되면서 배송시스템에 문제가 있다는 사실을 발견하게 되었다. 이는 시간과 정확성을 다투는 물류 배달업체로서는 큰 문제였다. 조사 결과, 원인은 아르바이트생들에게 있었다. 분류작업 코너는 작업원들이 대부분 아르바이트생이었고, 작업시간을 지체시키는 것이 자신들에게 경제적으로 이익이기에 작업시간을 자의적으로 지연시키고 있었던 것이다. 당신이 오너였다면

이 문제해결을 어떻게 했을까? 페덱스는 이 아르바이트생들을 엄준 문책하는 대신 해당 일을 빨리 마칠 경우에는 조기 퇴근과 함께 일당 전액을 지불하기로 약속하고 일정액의 보너스까지 보장하기로 했다. 그 결과, 작업진행이 눈에 띄게 빨라졌으며 그 속도는 하루가 다르게 가속이 붙게 된다. 페덱스의 성공비결은 어디에 있었을까? 앞에서 나열한 테크놀로지 인프라에 있었을까? 아니다. 이 회사의 기업이념은 '사원 다음에 서비스, 그 다음이 이익'이다. 설립 때부터 우수한 사원 확보에 노력했으며 매일 밤 분류작업을 하는 4,000여 아르바이트생에서부터 배달, 관리담당 직원에 이르기까지 높은 보수를 보장하고 있다. 그리고 회사에 공헌하는 자에게는 골드 팔콘(Gold Falcon)상을 수여하고 있는 데 이 상의 수상자는 서비스를 받은 고객의 추천으로 결정된다. 수상자에게는 회사 초창기에 활약했던 팔콘 호를 본뜬 금배지가 수여되며 페덱스 주식도 일부분 받게 된다. 또 매니저들이 추천하는 브라보 줄루(Bravo Zulu)상을 비롯해 다양한 상들이 페덱스의 성공비결이 되고 있다.

CS & ImageMaking

CS &
ImageM

5

글로벌 매너와 글로벌 마인드

1. 매너와 에티켓 이미지
2. 사회생활의 필수 매너
3. 상황별 비즈니스 매너
4. 테이블에서 시작되는 품격매너와 와인매너
5. 해외여행 매너와 기내 에티켓

Making

1. 매너와 에티켓 이미지

무한 경쟁시대를 살아가는 현대인들은 성공을 위해 학문적 지식을 쌓고, 자신의 목표를 향해 참고 인내하며, 성실하게 노력한다. 일반적으로 사람들은 영어나 수학과 같은 교과목은 반드시 배워야 할 것으로 생각하지만 매너는 가정교육 차원으로 해결될 수 있는 것이며, 기본적으로 타고난 소양 정도로 여기고 있다. 그러나 주목해야 할 것은 여러 연구결과나 책에서도 제시하고 있듯이 성공한 사람들은 타인과 어울리는 능력이 뛰어난 사람들이 많다는 공통점이 있다는 것이다. 과거에는 서비스 업체에서만 주로 매너 교육에 관심을 갖고 있었으나, 대학을 비롯하여 모든 분야의 기업체 뿐만 아니라 국가 기관과 공기업에서도 경쟁력을 높이기 위한 교육을 실시하고 있는 것을 보면 개인만이 아닌 모든 사회 영역에서 중요한 자산이며 경쟁력이 된다는 점을 확인할 수 있다.

인간의 생활과 불가분의 관계에 있는 매너는 현대의 인간관계에서 매우 중요한 부분을 차지하고 있다. 매너(Manners)의 어원은 본래 라틴어 마누어리우스(Manuarius)에서 파생되었으며 마누스(Manus)는 영어로 Hand, 즉 손이라는 의미 외에도 사람의 행동이나 습관이라는 뜻을 내포하고 있으며, 아리우스(Arius)는 방식, 방법 등을 의미한다. 따라서 매너란 사람마다 가지고 있는 독특한 습관, 태도, 몸가짐으로 생활과 직결되는 도덕의 다른 표현이다. 따라서 배려와 자아존중에 대한 형평성에 기초를 두고 있으며 예의를 지키기 위해 구체적으로 하는 행동양식이다.

에티켓이란 용어는 프랑스어로 두 가지 어원을 가지고 있다. 첫번째는, 옛날 베르사유 궁전의 정원에 어떤 무례한 사람이 들어가 꽃을 밟아버린 사건이 생기자 정원 주변에 출입금지라는 말뚝을 박고 출입을 막았는데 붙인 표지가 에티켓이었다. 두번째는, 베르사유 궁전에 출입하는 사람들에게 궁전에 출입할 때 지켜야하는 유의사항을 적은 쪽지(Ticket)에서 유래되었으며 자신의 신분에 따라 지켜야 하는 기본적인 생활규범의 의미로 이해된다.

매너는 사람마다 차이가 있고 판단기준이 지극히 주관적인 반면에, 에티켓은 일종의 법칙으로서 주관적이기보다는 객관적인 입장에서 판단하여야 한다. 즉, 우리가 말로 하지 않아도 지켜야 할 무언의 법칙인 것이다.

우리나라의 '예의(禮儀)'라는 단어의 사전적 의미는 사람과 사람 사이에서 서로에게 함부로 하지 않음을 말하는 것이고, '범절(凡節)'은 세상을 살아가면서 때와 장소에 맞게 끔 갖추고 행동함을 의미한다. 흔히 두 단어를 합쳐서 '예절(禮節)이라 하며, 가정예절, 사회예절, 국민의례와 국제의전에 이르기까지 그 영역을 나누어 볼 수 있다.

굳이 구분해서 말한다면 예절은 우리나라와 중국 · 일본 등 동양예절이고, 매너와 에티켓은 주로 서양예절이라고 생각하면 된다. 이렇듯 외적 표현은 다를 수 있으나 근본정신은 동양이나 서양이나 큰 차이가 없다.

반면에 서양매너의 근본정신은 그리스도교 정신인 박애와 기사도정신 등에서 찾아볼 수 있다. 상대방을 기쁘고 편안하게 해주고 호감을 갖게 하며 상대방을 마음속으로 존경한다. 또한 자기 자신에게 당당하되 겸손한 마음을 갖고 여성을 존중한다(Lady First) 등으로 그 특징을 요약할 수 있다.

실제로 영국의 매리 여왕이 각국의 손님을 초청하여 궁전에서 성대한 연회를 베풀었을 때 일어났던 일화이다. 만찬이 한참 진행되는 동안 음식을 나르는 사람들이 테이블위에 과일과 핑거볼(finger bowl : 손가락을 씻는 물)을 올려놓았다. 이때 어떤 외국 사신이 핑거볼을 먹는 물인 줄 알고 그만 마셔버리고 말았고 식탁매너가 엄격하기로 소문난 영국 사람들로서는 매우 놀라운 일이었다. 이를 본 사람들은 그의 행동을 비웃었고 그 외국 사신은 당황하여 어찌할 바를 몰랐다. 사태를 눈치 챈 매리 여왕은 자신도 그 핑거볼의 물을 마셔버렸다. 여왕의 센스 덕분에 난처해진 외국사신은 위기를 모면할 수 있었으며, 타인을 존중하는 매너까지 갖춘 매리 여왕을 영국인들은 더욱 존경하게 되었다. 이와 같이 남을 배려하는 너그러운 마음을 표현한다면 우리는 그 사람을 좋은 매너를 갖춘 아름다운 사람으로 기억하게 될 것이다.

세계가 하나의 문화권으로 되어가는 글로벌 시대에 자칫하면 문화충돌을 경험할 수 있기 때문에 자국의 매너뿐 아니라 다른 나라의 문화를 올바르게 인식하고 특히 해외 비즈니스나 여행 시에 자연스럽게 서구인들과 어울리게 되는 현실에서 외국인들에게 존경을 받기 위해서는 동양예절과 서양예절의 공존과 조화가 필요하다.

2. 사회생활의 필수 매너

1) 인사는 상대방의 마음을 여는 열쇠다.

수많은 계층과 수많은 성격 그리고 다른 이미지를 가진 사람들을 만나다 보면 정말 '같은 사람이 한사람도 없구나.'하는 생각을 하게 된다. 인사가 없었다면 처음 마주 앉은 사람과 앉자마자 일에 대한 내용을 시작하거나 본론부터 얘기하는 우습고 불편한 상황이 닥쳤을 것이다. 이처럼 인사와 그에 따른 표정은 인간을 변화시키고, 진화시키고, 인간을 특징짓는 정체성을 부여하는 인간의 문화, 즉 인간의 모든 의사소통 체계의 수단이다. 이것은 바로 모든 인간의 언어, 행위, 자세, 몸짓, 억양, 얼굴표정, 시간과 공간을 다루는 방식, 일하고, 놀고, 사랑하고 자신을 지키는 방식이다. 러시아의 문호 톨스토이(Tolstoy)는 '어떠한 경우라도 인사하는 것은 부족하기보다 지나칠 정도로 하는 편이 좋다'고 하였다. 인사는 인간관계나 비즈니스에서 시작과 끝을 장식하며 사람을 사귀는 데 있어서 능동적인 작용을 한다.

2) 신뢰의 시작, 약속을 관리하라.

우리의 하루 24시간이라는 시간은 누구에게나 똑같이 부여되고, 많은 사람들과 신뢰를 쌓아가며 일을 하고 살아간다. 이러한 신뢰의 기본은 바로 시간 약속이다. 1년에 한 번뿐인 중요한 시험에서 낙방해 본 사람, 1분 차이로 비행기 탑승 시간을 놓쳐본 사람, 0.1초 차이로 올림픽 경기에서 1등을 놓쳐본 선수들을 생각해보면 1분 1초도 얼마나 소중한 것인지를 쉽게 짐작할 수 있다. 철저히 약속을 지키는 사람이 돋보이는 이유는 그들은 습관적으로 시간을 지킨 결과 다른 사람에 비해 더 가치 있고 능력 있는 사람으로 여겨지고 인정받기 때문이다.

3) 명함, 그 사람의 얼굴

사회생활을 하다 보면 많은 사람들을 접하게 된다. 특히 초면인 경우에는 자신을 소개하고 타인을 소개받게 되는데 이때 자신을 간략하면서도 정확하게 전달할 수 있는 효과적인 매개체가 명함이다. 우리가 첫 만남에 인사로 전하는 명함 한 장의 인연이 사업 성공의 견인차 역할을 할 수 있으며, 새로운 인간관계를 만들 수 있다.

명함은 인사의 도구이자 자기 홍보의 중요한 수단이며 상대방이 읽기 쉬운 방향으로 전달하고 받았으면 한번 보고 기억하기 위해 상대방의 얼굴을 확인해야 한다. 상대방을 만난 자리에서 내용을 기재하거나 바로 지갑에 넣어버려서 대화를 나누던 중, 직함이나 이름에 대한 실수를 범한다면 상대방은 섭섭하게 느낄 수 있을 것이다. 또한 전달받은 명함은 소중히 다루어 주는 것이 상대에 대한 예의일 뿐만 아니라 자신의 이미지 관리에도 바람직한 태도이다.

실제로 많은 사람들이 직업 특색과 자신만의 이미지와 개성 등을 나타내기 위해 명함의 글씨체나 색상, 디자인 등에 신경을 쓰고, 근래에는 직장인의 필수앱이라고 할 수 있는 명함 어플의 사용이 많아지는 추세이기도 하다.

무엇보다 중요한 것은 받은 명함을 정리하지 않으면 종이조각에 지나지 않는다. 필요할 때 바로 찾아서 활용할 수 있도록 관리를 한다면 대인관계를 성공으로 이끄는 밑거름이 될 수 있을 것이다.

명함 주고받는 방법

- 반드시 일어나 정면에서 드린다.
- 윗분, 고객, 여성에게 먼저 드린다.
- 상대방이 읽기 쉽도록 상대방 쪽을 향해 오른손으로 드린다.
- 동시에 교환할 때는 한 손으로 드린다.
- 만나는 사람들의 인원수보다 여유 있게 준비한다.

4) 소개, 서로의 연결고리

소개는 사람을 처음 만났을 때 하는 것으로 상호 간의 연결을 해주는 가교역할을 한다. 사회생활에서 모르는 사람을 소개시켜 주거나 소개받는 행위는 통과 의례로서 일상적인 현상이다. 모르는 사람을 서로 소개하지 않고 대화를 하는 경우는 입장이 난처하게 되는 경우가 흔히 있기 때문에 서로 모르는 A와 B를 중간에서 소개하여 서로 편하게 해주는 것이 소개의 예절이며 에티켓이다.

자신을 당당하면서도 정중하게 소개할 줄 아는 지혜가 있어야 하며, 다른 사람이 소개할 때 예의바르게 받아들이는 매너 또한 반드시 필요하다.

사회생활에서 사교의 시작은 만남에서부터 비롯된다. 사람을 처음 만났을 때 받은 인상은 오랫동안 기억에 남는 법이다. 따라서 대인관계에서 소개하는 방법을 익히고 이와 관련된 매너를 알아두는 것은 사회생활을 하는 데 큰 장점이 된다.

소개하는 순서

- 연소자를 연장자에게
- 후배를 선배에게
- 지위가 낮은 사람을 높은 사람에게
- 남성을 여성에게
- 미혼자를 기혼자에게
- 집안 식구를 다른 사람에게
- 자사의 사원을 타사의 사원에게

5) 악수, 친애의 뜻을 나타내는 스킨십

현재 악수는 어느 문화권을 막론하고 세계적으로 통용되는 가장 보편적인 인사법으로 알려져 있다. 악수는 동양에서 발생된 인사가 아닌 서양으로부터 건너온 인사이므로 허리를 굽히거나 두 손을 이용하지 않아도 자신감 있게 할 수 있고, 첫 터치(Touch)이기 때문에 추운겨울에 손이 너무 차있거나 손에 땀이 있는 경우에는 상대방이 놀라지 않게 먼저 간단히 알려주는 것도 좋은 매너이다.

올바른 매너는 팔을 쭉 뻗어서 상대방의 손을 깊숙이 잡고 두세 번 정도 흔들어 준다면 '저 사람은 원래 저렇게 자신있게 악수하는 사람이야'라는 좋은 인상을 남기게 된다.

악수의 기본원칙

- 일어나서 반드시 오른손으로 한다.
- 여성이 남성에게, 선배가 후배에게, 기혼자가 미혼자에게 한다.
- 손바닥 전체로 손을 가볍게 감싸 쥐고 악수한다.
- 우리나라의 경우 상급자나 연장자와 악수를 할 때 존경의 뜻으로 고개를 살짝 숙이는 정도는 무방하다.
- 악수의 원칙에서 예외인 상황은 국가원수, 왕족, 성직자 등이 해당된다.

3. 상황별 비즈니스 매너

1) 타사를 방문할 때

타사(他社)를 방문할 때는 여러 가지의 목적이 있겠지만 어떠한 경우라도 상대방과의 면담을 효과적으로 성사시키기 위해서는 만전의 준비를 하고 임해야 한다. 따라서 국내뿐 아니라 세계적인 실력자들이 사업관계로 당신의 기업을 방문했을 때 그들이 자기 집처럼 편안함을 느끼게 할 수 있어야 한다. 매너는 이러한 편견을 버리고 누구에게나 만나는 사람으로 하여금 실례를 범하지 않고 인간존중을 바탕으로 할 때 이루어진다고 할 것이다.

① 사전 약속 없는 방문은 비즈니스 매너에 위반된다.

- 상대방에게 미리 방문 연락을 한다.
- 방문하는 당일에 다시 확인 전화를 한다.
- 방문 목적과 용건을 확실하게 정리하고 방문한다.
- 약속시간보다 일찍 도착했을 경우에는 상대방의 상황을 알아본다.
- 상대쪽에서 권하는 자리에 앉는다.
- 만나는 사람이 초면일 때는 인사하고 명함을 교환한 후 용건을 얘기한다.
- 방문시간은 최대한 단축시킨다.

② 방문일까지 만전의 준비를 한다.

- 면담에 필요한 서류와 자료를 준비해 둔다.
- 방문하는 회사의 경영진, 경영방침, 상담자의 직책 등에 대해서 조사를 해둔다.
- 자신의 명함의 매수가 여유 있는지 체크해 둔다.
- 방문 회사까지의 가는 길과 소요시간을 예상하여 늦지 않도록 한다.

③ 약속시간 5분 전에는 도착한다.

비즈니스는 시간 엄수가 철칙이다. 약속시간 15분 전에는 반드시 도착하여 옷의 매무새를 만지거나 미팅의 준비가 철저하게 잘 되었는지 확인한다. 방문시간이 너무 이르면 상대방에게 폐나 부담이 갈 수 있으므로 너무 일찍 도착한 경우에는 근처에서 시간을 보내고 적당한 시간에 맞춰 약속장소로 이동하는 것이 효과적이다.

④ 늦었을 경우에는 미리 전화 연락을 한다.

교통체증이나 사고로 약속시간에 늦을 경우에는 상대방을 마냥 기다리게 하지 않도록 반드시 미리 연락을 한다. 만약 약속시간 내에 도착하지 못했을 경우에는 정중한 사과를 해야 한다. 특히 비즈니스 관계에 있는 중요한 자리라면 반드시 하는 것이 중요하다.

2) 방문객을 맞을 때

예고 없이 손님이 찾아오는 경우가 있다. 그럴 경우 싫은 표정을 지어 손님을 무안하게 하는 일은 없어야 한다. 사무실은 항상 손님을 맞을 준비를 하고 있어야 하며 우선 손님이 오면 자리에서 일어나 반갑게 맞이한다. 그리고 무슨 일로 찾아 왔는지 용건을 묻는다. 이럴 때 그 자리에서 해결할 수 있는 일은 바로 처리하고 그렇지 못할 때는 응접실로 안내하여 담당자를 연결해 준다.

① 어떠한 방문객이라도 공평하게 대한다.

안내(Information)는 회사의 얼굴이라고 말할 수 있다. 안내 응대의 태도에 따라서 회사의 이미지가 좌우된다. 손님의 복장만을 보고 차별하여 대응하는 것은 금물이며 자사를 방문한 사람을 언제나 기분 좋게 맞이하는 배려를 잊지 않도록 한다.

② 사전 약속 없는 손님은 담당자의 의향을 묻고 나서 대응한다.

방문객 중에는 사전 약속이 없는 경우도 발생할 수 있지만 어떠한 사람이라도 정중히 대해야 한다.

상대방의 용건, 회사명, 이름을 묻고 손님을 안내하기 전에 담당자에게 연락을 한 후 안내한다. 혹시 담당자가 거절하는 경우에는 '지금 담당자가 외출 중이므로 추후에 다시 연락을 하고 와주시기 바랍니다.'하고 예의를 차리며 거절한다.

③ 손님을 안내할 때에는 앞에 서서 공손한 태도로 안내한다.

만약 담당자로부터 회의실로 가도록 지시가 있다면, 손님을 회의실로 안내하되 손님보다 2, 3보 가량 비스듬히 앞서서 안내하며 서 있는 채로 기다리게 하는 것은 실례이므로 차를 대접하고 자리에 앉아서 기다리도록 한다. 담당자가 늦을 경우에는 다시 한 번 연락을 해서 어느 정도 늦을 것인지를 확인한 다음 손님에게 몇 분만 더 기다려 달라고 양해를 구한다.

④ 손님이 돌아갈 때는 엘리베이터 앞까지 배웅하며 안내할 때는 손님보다 나중에 타고 내릴 때는 손님보다 먼저 내림으로써 낯선 곳에 온 손님에게 방향을 안내해 주어야 한다.

본래는 고객을 먼저 태우는 것이 매너이지만 양보를 할 경우 먼저 들어가 문이 닫히지 않도록 엘리베이터를 조작하는 것도 좋다. 만약 버튼 앞에 서게 되었다면 다른 사람을 위해 버튼을 눌러 주고 제일 나중에 내릴 수 있는 여유와 매너가 필요하다. 반대로 엘리베이터 안쪽에 타게 되었다면 굳이 사람들 사이로 비집고 들어가 버튼을 누를 필요 없이 정중하게 '○층 부탁드립니다.'라고 부탁한다. 또한 밀폐된 공간을 여러 사람이 이용하게 되므로 휴대폰을 사용한다든지 큰소리로 떠드는 모습은 좋지 않다.

⑤ 손님을 대할 때의 마음가짐

손님과 면담할 때는 우선 상대방이 어떠한 용건으로 방문했는지를 파악하는 것이 중요하며 이야기를 들을 때는 상대방의 얼굴을 보면서 적절한 대응을 해가며 마지막까지 경청한다. 특히 도중에 상대방의 이야기를 끊지 않도록 한다.

상대방의 이야기가 잘 정리되지 않았을 경우에는 적당히 흘려 듣지 말고 정확히 질문을 한다. 고객의 의뢰에 관해서는 경솔하게 받아들이지 말고 '사내에서 검토를 한 후 나중에 연락을 드리겠습니다.'라고 답을 하고 차후 회사의 승인을 얻고 나서 정식으로 답을 한다.

3) 면담이나 회의에 임할 때

본인의 용건을 상대방에게 충분히 이해시키는 것이 최대의 포인트이며, 일방적으로 이야기하는 것은 바람직하지 않다. 다음과 같은 점을 주의해서 능숙한 회의를 진행한다.

① 두꺼운 외투는 실내에 들어가기 전에 벗는다.

안내를 청하기 전에 코트(Coat)와 머플러(Muffler) 그리고 장갑을 벗고 단정한 차림인지를 확인한다. 땀이 많이 나는 여름철에는 땀을 깨끗이 닦고 이미지를 갖추고 들어간다.

② 대화의 요점을 정리해서 간결하고 품위 있는 말을 사용한다.

비즈니스로 방문할 때는 '회사의 대표이며 주인으로 왔다'고 하는 것을 인식하고 필요에 따라서 자료를 제시하며 구체적인 사례와 수치를 들어 설명한다. 전문용어는 되도록 피하고 상대방이 잘 알 수 있는 말로 설명한다. 호감을 가질 수 있는 품위 있는 자세와 말을 하도록 한다.

③ 담당자가 들어오면 바로 일어서서 인사를 한다.

안내하는 사람을 따라 들어간다. 담당자가 올 때까지 실내를 왔다 갔다 하지 말고 바로 서서 인사를 할 수 있도록 마음의 준비를 하고 기다린다. 담당자가 나타나면 반드시 일어나서 정중하게 인사를 한다.

④ 밖에 나와서도 자세를 흐트러뜨리지 않는다.

방문 회사를 나오자마자 방심하고 넥타이를 느슨하게 하는 등의 행동을 하면 안 된다. 어디에 관계자의 눈이 있는지 알 수 없기 때문에 항상 주의를 해야 한다.

4) 수명과 보고를 할 때

직장에서의 모든 업무는 명령과 보고라는 상하 유기적인 관계로 이루어지며 업무의 완료는 명령이나 지시를 보고하는 것으로 이루어진다. 명령을 받는 방법인 수명에 대해 살펴보면 우선 호명을 받으면 곧 '예' 하고 대답하고 메모지를 준비해서 요점을 기록해 정리한다. 또한 끝까지 잘 듣고 5W 1H(Why · What · Where · When · Who · How)로 모호한 점을 질문한다. 그런 다음 요점을 간단히 복창한 후에 능력, 시간, 내용을 잘 생각해서 수행한다.

보고는 명령이나 지시받은 것을 완료했으면 즉각 하며 보고는 반드시 명령한 사람에게 해야 한다. 우선 결론부터 말하고 다음에 이유, 경과 등의 순서로 간결하게 보고한다. 사실에 의거해서 객관적으로 말하며 적당히 단락을 지워 포인트를 알기 쉽게 설명한다.

- 상사가 부를 시 "예"라고 대답 후 필기도구를 지참하여 수명토록 한다.
- 상사의 지시사항을 메모하고 잘 이해하지 못했을 시 양해를 구한 다음 다시 확인하도록 한다.
- 상사가 지시한 보고 기한은 반드시 맞추도록 하고 혹시 늦어질 경우 중간보고 후에 기한조정을 다시 한다.
- 보고 시기는 상사가 너무 바쁘지 않을 때가 좋고 퇴근 무렵은 되도록 피한다.

- 서면 구두 보고 시 보고 내용에 대한 핵심을 명확하게 숙지하여 주요 사항을 논리적으로 설명할 수 있도록 준비하고 미리 상사의 예상 질문에 대한 답변을 준비하도록 한다.
- 서면 구두 보고 시 보고 자료는 2부 이상 준비한다.(자신의 자료, 상사 자료)
- 이메일 보고 시 파일로 첨부할 경우는 메일 본문에 첨부 파일의 주요 내용을 요약하여 보고한다.
- 이메일 보고 시 본문 내용은 한 줄에 70자를 넘지 않도록 가능한 짧고 간결하며 단락에 따라 한 줄씩 빈 공간을 삽입해 받는 사람이 읽기 편하고 이해하기 쉽게 편집한다.
- 오타는 없는지 꼼꼼하게 확인하고 시쳇말이나 유행어, 이모티콘의 사용은 되도록 하지 않는다.

5) 이메일, 팩스를 보낼 때

인터넷이 대중화되고 생활화되면서 e-mail 네티켓은 당연히 지켜야 할 매너가 되었다. 상대가 눈앞에서 보이지 않는 가상공간이라 해서 비즈니스와 밀접한 관계를 가진 에티켓을 소홀히 하는 경우가 있다. 예를 들어 본인의 신원을 밝히지 않은 발신자 미확인 메일, 첨부파일 용량이 너무 커 진땀 빼게 만드는 메일, 무슨 말을 하려는지 알기 힘든 두서없는 메일 등은 이메일 보급 속도를 네티즌의 의식수준이 따라 가지 못해 나타나는 현상이다.

- 누가 보냈는지를 알려라. 자신의 신분을 감춘 e-mail은 신뢰성이 떨어지고 스팸메일로 오해받기 쉽다.
- 내용은 간결하게, 불필요한 군더더기 말은 읽는 사람에게 부담이 될 수 있다. 첨부파일은 꼭 필요한 경우에만 보내도록 한다. 보다 상세한 정보를 주기 위한 첨부파일이더라도 용량이 큰 경우 e-mail 확인에 오랜 시간을 매달려야 하는 불편을 끼치게 된다.

- 언어의 선택은 신중하게 하여야 한다. 지나친 약어 및 속어 사용은 명확한 의미전달을 방해한다. 특히 외국인에게 e-mail을 보낼 때 특히 조심한다. 영어에서 모든 글자가 대문자로 된 것은 읽는 사람에게 큰소리로 외치는 것과 비슷한 느낌을 준다.
- 받는 사람의 주소를 확인하라. 서둘러 보내는 e-mail은 실수하기 쉽다. 침착하게 수신인 및 주소를 확인하고 내용을 미리 정리해 둔다.

6) 경조사에 갈 때

- 축의금은 가능하면 새 지폐로 준비한다.
- 축의금 봉투는 봉하지 않는다.
- 조문 시 복장은 검정 정장을 기본으로 하고 구두와 스타킹도 어둡게 신는 것이 좋다.
- 조의금은 상주에게 직접 건네지 않는다.
- 조의금 봉투 안의 단자에 부조하는 금액을 쓸 때 금 ○○원이라고 쓴다.
- 향의 불은 입으로 불어 끄지 않는다.
- 종교나 풍습의 차이가 있더라도 가급적 상가의 예의에 따른다.

4. 테이블에서 시작되는 품격매너와 와인매너

음식은 우리가 삶을 영위해 가는 데 가장 기본적인 요소이다. 그러나 생존을 위해서 음식을 섭취한다면 그와 관련된 문화나 매너는 필요하지 않을 것이며 동물과 다를 것이 없다. 인간은 음식을 통해서 생존뿐만 아니라 타인과의 관계를 발전시키고, 문화를 형성해 왔다.

다양한 만남에는 항상 음식이 함께 하고 그러한 과정을 통해서 인간관계를 발전시킨다. 더욱이 오늘날과 같이 다양한 대외적인 활동이 많아지는 상황에서 가족 이외에 상사나 동료들과의 회식, 국내외의 거래처 사람들과 음식을 나누며 교류하고 사회생활을 하는 것은 이미 오래전부터 일반화되었기에 테이블매너는 대인관계를 위한 매우 중요한 요소가 되고 있다.

올바른 식사매너를 갖추는 것은 자신의 인격과 품위를 나타낼 수 있는 수단이 되기도 하며 좋은 이미지 형성에도 큰 도움이 될 수 있다.

1) 한식 테이블매너

① 식생활 문화의 특징

- 벼를 비롯하여 곡류 중심의 식문화가 발달되어 있다.
- 고추장, 된장, 청국장, 김치 등 다양한 발효식품이 개발되어 있다.
- 공간전개형 상차림이 기본이며 각 음식을 놓아야 할 위치가 정해져 있다.
- 사계절의 변화가 뚜렷한 기후 조건으로 철마다 식재료가 다르고 계절음식이 발달해 있다.

- 기본적인 상차림은 반상이며 주식이 무엇이냐에 따라 면상, 주안상, 다과상 등으로 나뉠 수 있고 행사의 목적에 따라 교자상, 생일상, 제사상 등으로 나뉜다. 반상은 밥, 국, 김치, 장류, 찌개류를 제외한 반찬의 수에 따라 나뉘는데 3, 5, 7, 9, 12첩 반상이 있다. 참고로 12첩은 예로부터 수라상이라 하여 임금님께 올렸던 반상을 말한다.

② 테이블 세팅

- 테이블 앞줄에는 밥을 왼쪽, 국을 오른쪽으로 놓고 수저는 오른쪽 끝부분에 놓는다.
- 수저는 수저받침이나 휘건 위에 올려놓기도 한다. (휘건 : 우리나라 고유의 냅킨)
- 생선가시나 고기 뼈를 발라 놓기 위한 그릇인 토구는 왼쪽에 놓는다.
- 테이블 우측에는 더운 음식과 싱거운 음식, 왼쪽에는 찬 음식과 간이 센 음식을 기준으로 하여 차린다.

③ 테이블매너

- 상석은 출입문에서 먼 쪽, 병풍이나 그림 등을 등지는 자리이고 연장자가 앉으면 따라서 앉는다. 테이블 위에 팔꿈치를 올려놓지 않고 연장자가 먼저 숟가락을 들면 따라서 든다.
- 자신이 좋아하는 음식이나 주 메뉴인 음식만 탐하여 먹는 것은 실례이며 반찬의 양념을 털어 내거나 뒤적거리며 골라 먹지 않는다.
- 음식이 입 안에 있을 때는 말하지 않고 상대와 먹는 속도를 잘 맞추되 너무 늦게 먹거나 빨리 끝나지 않도록 주의한다.
- 식사가 끝나도 상차림 그대로 놓아두고 그릇을 포개거나 위치를 바꾸지 않는다.
- 식사 중 재채기를 할 경우는 냅킨에 대고 하며 이물질을 뱉어야 할 경우 다른 사람이 모르도록 조심해서 처리한다.

2) 중식 테이블매너

① 식생활 문화의 특징

- 국토의 면적이 넓어 음식도 지역별로 기후, 풍토, 재료 등이 다르므로 식생활 문화의 차이가 많고 조리법이 매우 다양한 편이며 불이나 뜨거운 물, 기름을 이용해 익혀 먹는 숙식 위주의 조리법을 기본으로 한다.
- 재료와 맛, 향이 다양하고 화려하여 세계적인 요리로 인정받고 있으며 재료의 모양이나 본래의 맛을 파괴하지 않고 담백한 맛을 내는 찜 요리가 많다.
- 기름과 녹말을 많이 사용하는 편이고 마늘, 생강, 양파, 파, 굴 소스 등 향신료를 많이 사용하며 색을 중요시한다.
- 중국요리는 크게 북경요리, 광동요리, 사천요리, 상해요리 네 가지로 나뉠 수 있으며 지역에 따른 각 요리는 두드러진 특징이 있다.

중국 요리의 종류별 특징

북경요리	- 베이징을 중심으로 발달된 요리로 추운 지역 특성에 맞게 열량이 높은 요리가 많다. - 육류를 주재료로 하여 강한 불에 짧게 조리하는 튀김과 볶음 요리가 많은 것이 특징이다.
광동요리	- 중국 남부 지방을 대표하는 요리이다. - 어패류와 아열대성 야채를 주로 사용하되 재료가 가진 자연 그대로의 맛과 향을 살리는 것이 특징이다. - 음식의 맛은 담백한 것이 주를 이룬다.
사천요리	- 중국의 서부 지역을 대표하는 요리이다. - 더위와 추위가 심한 지역적 특성 때문에 향신료를 많이 써서 자극적인 것이 특징이다. - 향신료로는 고추, 마늘, 후추 등을 많이 쓴다. - 저장 식품이 발달해 있다.
상해요리	- 양쯔강 유역의 풍부한 해산물과 곡식 등을 주재료로 한다. - 따뜻한 기후를 바탕으로 하여 간장, 설탕, 기타 소스를 사용한 음식이 많다. - 비교적 맛이 달콤하고 기름기가 많으며 진하다.

② **테이블 세팅**

- 테이블 윗단은 요리를 얹어 회전하게 되어 있으며 아랫단에는 개인용 접시와 숟가락, 젓가락, 술잔, 컵, 소스를 덜어먹는 접시 등이 세팅되며 2단 원탁이 원칙이다.
- 요리는 큰 접시에 담아 나오므로 각자 개인용 접시에 덜어 먹도록 되어 있다.
- 젓가락은 받침을 사용하여 상의 우측에 세로로 놓는다.

③ **테이블매너**

- 출입구에서 가장 먼 쪽이 상석이고 그 좌석을 기준으로 좌석의 왼쪽, 오른쪽, 다시 왼쪽, 오른쪽의 순서로 자리 배치를 한다.
- 식사 접대를 할 경우 주인은 출입구 가까운 쪽에 앉고 주빈은 주인과 정면에 앉는다.
- 시간 전개형 요리이므로 한 가지 음식만을 많이 먹지 않고 테이블의 윗단에 있는 요리를 덜 때에는 공통 젓가락을 사용해 덜 되 자신의 젓가락으로 덜지 않도록 주의한다.
- 요리가 있는 윗단을 돌릴 때에는 다른 사람이 덜고 있지 않은지 확인해야 하며 시계 방향으로 돌려야 한다. 요리가 바뀌면 개인용 접시도 바뀌어 덜어 먹도록 한다.
- 중국 음식은 식사 전과 후뿐 아니라 식사 중간 중간에 차를 마시는데 이는 전에 먹었던 음식의 맛과 향을 제거하고 다음 요리의 맛과 향을 제대로 즐기기 위한 것이다.
- 만두나 빵은 손으로 작게 잘라 몇 번에 나누어 먹고 음식은 약간 남겨두는 것이 매너이다.

3) 일식 테이블매너

① 식생활 문화의 특징

- 생선이나 어패류 등의 해산물 요리가 주를 이룬다.
- 쌀, 콩이 주로 이용되며 주식과 부식의 구분이 뚜렷하고 식사 매너가 엄격한 편이다.
- 일본 된장(miso)과 간장이 널리 사용되며 낫토나 두부요리가 다양하게 발달되었다.
- 요리의 맛뿐 아니라 시각적인 면을 중요하게 여겨 예술적인 기교를 많이 도입한다.
- 향료의 사용이 적고 요리의 양 또한 많지 않게 한다.
- 일본 요리는 혼젠(本膳)요리, 가이세키(懷石)요리, 가이세키(會席)요리, 쇼징(精進)요리로 구분된다.

일본 요리의 종류별 특징

혼젠(本膳)요리	- 관혼상제 등 의례 때 나오는 일본의 전통 요리이다. - 국과 반찬에 따라 1즙 1채, 1즙 2채, 1즙 3채, 2즙 5채, 3즙 7채 등으로 구분할 수 있다. (즙 : 국이나 찌개, 채 : 반찬)
가이세키(懷石)요리	- 차 마시기 전에 나오는 요리로 적은 양의 음식이 차려진다. - 화려하지 않고 질을 중시하며, 계절식품을 이용하여 담는 법, 색채의 조화를 중요시한다.
가이세키(會席)요리	- 혼젠(本膳)요리의 복잡함과 호화스러움을 간소화한 것으로 일반적으로 가장 많이 차려지는 연회요리이다. - 전채 – 국(스이모노) – 회(사시미) – 구이(야키모노) – 조림(니모노) – 밥이나 면류 – 후식 순이다.
쇼징(精進)요리	- 사원에서 전해내려 온 자극성이 없는 조리법을 쓴 상차림이다. - 채소, 곡류 등의 식물성 식품을 재료로 하여 차려진다. - 동물성이나 어패류, 달걀을 사용하지 않는다.

② **테이블 세팅**

- 즙 3채의 상차림이 기본이고 음식의 색, 모양, 그릇과의 조화, 상차림의 장식 등에 신경을 써서 세팅을 한다.
- 젓가락을 사용하여 먹는 것이 기본이므로 젓가락만을 가로로 상의 맨 앞쪽에 놓는다.
  - 우리나라와 같이 밥을 왼쪽, 국을 오른쪽에 놓고 그릇은 주로 도자기류나 칠기에 적게 담아 대접한다.

③ **테이블매너**

- 좌석 배치는 문에서 먼 쪽이 상석이고 장식 벽면이나 벽장 앞이 상석이며 자리에 앉을 때는 아랫사람이 먼저 앉고 식사가 끝난 후 자리에서 일어날 때는 연장자가 먼저 일어난다.
- 밥은 왼손으로 밥공기를 들고 입 가까이에 가져간 후 오른손으로 젓가락을 사용하여 먹고 국은 두 손으로 들어 입 가까이에 대고 여러 번에 나누어 조금씩 마신다.
- 생선회는 간장에 겨자를 풀어 찍어 먹으면 향이 날아가 버리며 지저분해 보이므로 겨자를 생선회에 약간 발라 간장을 찍어 먹고 떨어지지 않도록 접시에 받쳐 먹는다.
- 초밥을 먹을 때에는 젓가락을 세로로 하여 집으면 밥이 잘라져 떨어지기 쉬우므로 젓가락을 가로로 하여 초밥을 집고 생선구이는 머리 쪽부터 먹되 뒤집지 않는다.
- 식사 중 술을 곁들일 때는 술잔이 비워지기 전에 1/3 정도 술이 남았을 때 첨잔을 해주는 것이 매너이다.

4) 서양식 테이블매너

① 식생활 문화의 특징

- 서양음식은 미국, 영국, 프랑스 등 서구의 각 나라의 요리를 말한다.
- 의례적 정찬인 경우 주로 에피타이저, 메인요리, 디저트 세 가지로 구분하여 음식이 나오며 코스에 따라 음식이 나오는 시간전개형 방식이다.
- 젓가락 없이 포크와 나이프를 사용하며 요리에 따라 다른 것을 사용한다.
- 식재료의 사용이 광범위하여 음식의 맛과 색, 식탁보, 냅킨, 초 등의 테이블 세팅 등에 신경을 쓴다.

② 테이블 세팅

- 좌빵우물에 따라 버터, 나이프는 빵 접시 위에 올려 테이블 왼쪽 위에 놓고 물 잔이나 와인 잔은 테이블의 오른쪽 위에 놓는다.
- 메인 디시를 기준으로 포크는 왼쪽, 나이프는 오른쪽에 세팅하되 먹는 순서대로 바깥쪽부터 놓고 나이프의 칼날이 안쪽을 향하도록 하며 스푼은 나이프 쪽 맨 바깥에 놓는다.
- 디저트용 스푼, 포크, 나이프는 메인 디시 위쪽에 가로로 놓되 스푼은 손잡이가 오른쪽으로 가도록 포크와 나이프는 손잡이가 왼쪽으로 가도록 하여 놓는다.

③ 테이블매너

- 여성이 의자에 앉을 때는 남성이 도와주는 것이 기본 매너이며 다리를 포개어 앉거나 팔꿈치를 테이블 위에 올리지 않는다. 특히 손으로 턱을 괴는 자세도 하지 않도록 주의한다.
- 주문을 할 때에는 메뉴판 요리의 명칭을 제대로 잘 외워서 하되 손가락으로 가리켜 '이걸로 주십시오.'라는 식으로 주문하지 않는다. 특히 메뉴를 선택할 때 여성이든 남성이든 상대방에게 일임하거나 '똑같은 것으로'라고 말하는 것은 좋지 않다.

- 식사도구는 바깥쪽에서부터 사용하고 오른손에는 나이프를 왼손에는 포크를 사용하며 식사 도중 포크나 나이프, 냅킨 등을 떨어뜨렸을 경우 새것으로 주문한다.
- 포크와 나이프는 식사 중일 때는 칼날이 안쪽으로 향하도록 하여 접시에 팔자(八字)형으로 놓고 식사 후에는 나이프를 위로 가게 나란히 하여 오른쪽 약간 윗부분에 놓는다.
- 냅킨은 반으로 접되 벌어진 쪽이 자신의 몸 쪽으로 향하도록 무릎 위에 놓고 냅킨의 안쪽에 입이나 손을 닦아 식사 도중 상대방에게 지저분한 것이 보이지 않도록 한다.
- 코스에 따라 음식이 나오며 포크와 나이프를 다르게 사용하되 바깥쪽 것부터 사용한다. 포크나 나이프를 들고 물건을 가리키거나 이야기 도중 휘두르지 않는다.
- 식사 중에 머리나 얼굴에 손을 대는 일이 없도록 한다. 빵을 손으로 조금씩 떼어 먹어야 하기 때문에 매우 비위생적인 행동이 된다.
- 스테이크는 레어(rare), 미디엄 레어(medium rare), 미디엄(medium), 웰던(wel-done)으로 익히는 정도가 달라지므로 자신의 식성에 맞게 적절히 골라 주문한다.
- 스테이크는 한꺼번에 다 잘라놓으면 빨리 식을 뿐 아니라 육즙이 모두 빠져 나와 맛이 떨어지므로 바깥쪽에서 안쪽으로 먹을 만큼씩 잘라가며 먹는다.
- 생선요리에 레몬을 짤 때는 손으로 비틀어 짜지 않고 나이프로 눌러 즙을 짜고 뒤집지 말고 위쪽을 먹은 후 뼈를 추려낸 후 다시 아랫부분을 먹는다.
- 테이블이 세팅된 상태로 놓아두는 것이 매너이며 자신이 먹기에 불편하다고 하여 그릇의 위치를 바꾸는 것은 옳지 않다. 소금이나 후추 등이 멀리 있을 경우에는 일어나지 말고 옆 사람에게 부탁하여 건네받는다.

5) 와인 매너(Wine Manner)

와인은 잘 익은 포도의 당분에 효모를 첨가하여 발효시킨 것으로 알코올과 독특한 향기와 맛으로 인류가 오래도록 즐겨온 음료 중에 하나이다. 와인은 마시는 방법과 과정이 따로 있어 더욱 거리감을 느끼게 될 수 있으나 요즘은 편안한 식사자리에서도 와인을 마시는 경우가 많다. 크게 격식을 따지지 않더라도 기본적인 용어와 매너 몇 가지만 알아두면 나에게 맞는 와인을 예의에 어긋나지 않게 즐길 수 있다.

① 와인을 마시는 기초 3단계 : 色 + 香 + 味

- 와인을 마시기 전에 반드시 거치게 되는 것이 와인 테이스팅 단계.
- 눈과 코, 입으로 느끼는 것이 가장 기초적인 3단계 테이스팅과 여기에 목으로 느끼는 뒷맛이나 신맛, 단맛 등의 균형을 체크하는 것까지 합쳐 테이스팅의 5단계라 부른다.

② '눈' 와인보다 맛있는 색깔 마시기

와인은 색깔과 투명도가 기본이다. 레드 와인의 경우 맑고 부유물이 적으며 반짝이는 붉은 색을 띠면 좋은 와인이다. 붉은 기가 없는 갈색으로 보이거나 뒤에 받친 손가락이 비치지 않을 정도로 탁하면 마시지 않는 것이 좋다. 흰색 배경 위에 잔을 45° 기울여 와인의 주변에 넓게 퍼지는 색상과 와인의 투명도를 보면 된다. 화이트 와인의 색을 볼 때는 레드 와인과는 달리 눈높이까지 잔을 들고 살펴보아야 한다.

③ '코' 스치듯 살짝살짝 향기로 느끼는 와인

고급 와인일수록 포도 냄새보다 풀 냄새 같은 것이 섞인 복잡한 향을 낸다. 그리고 향이 깊고 짙다. 소믈리에에게 테이스팅용 와인을 조금 따라 잔을 살짝 돌려 흔든 다음 코 밑에 대고 냄새를 맡는다. 정확하게 판단하기 위해서는 잔을 코 밑에 오래 대고 있지 말고 살짝살짝 여러 번 반복해서 향을 맡아야 한다. 코르크 썩은 냄새가 와인 향보다 먼저 다가온다면 변질된 와인이다.

④ '입' 단 한 모금으로 결정하는 와인과의 궁합

테이스팅을 위한 와인의 양은 한 모금이면 족하다. 마실 때 공기를 함께 마셔 입 안에서 혀와 함께 굴려가며 맛보아야 한다. 레드 와인의 경우 단맛, 신맛, 떫은맛의 균형을 체크한다. 화이트 와인의 경우 단맛과 신맛을 함께 느낀다. 너무 강렬해 혀에 맛이 많이 남거나 인상이 구겨질 정도로 쓰고 떫은 와인은 테이스터의 기호에 맞지 않는 와인이다.

⑤ 보디(body)감

와인 관련 용어의 '보디(body)감'은 입안에서 느껴지는 질감을 표현한 것이다. 보디감이 가벼우면 물처럼 맑은 느낌을 주고, 보디감이 무거우면 입안에 강하고 묵직한 느낌을 준다.

신맛을 뜻하는 '산미(Acidity)'는 화이트 와인의 맛을 결정한다. 강한 산미를 가진 와인은 맛이 시큼하고 자극적인 반면 너무 약한 산미를 갖고 있으면 밋밋한 느낌이 든다.

포도의 껍질과 씨앗에서 나오는 '타닌(Tannin)'은 레드와인의 맛을 좌우한다. 타닌이 많을수록 쓰고 떫은맛이 강해진다. 간혹 이름에 '리저브(Reserve)'가 붙은 제품이 있는데 오래 숙성시켜 보관할 가치가 큰 와인이다.

⑥ 와인글라스 잡는 법

와인은 온도에 민감한 술이다. 글라스를 잡을 때는 몸체를 쥐지 말고 글라스의 다리 부분을 잡는 것이 매너이다. 이유는 와인이 담긴 둥근 몸체 부분을 잡으면 체온이 와인에 전해져 와인의 온도가 올라가기 때문이다. 잔의 다리 부분을 안정감 있게 손가락으로 모아 잡고 마시면 된다.

⑦ 와인 병 따는 법

- 와인의 마개를 싸고 있는 알루미늄 포일을 나이프나 포일 커터를 돌려서 조심스럽게 도려낸다. 나이프나 포일 커터로 캡슐(와인 병을 싸고 있는 알루미늄 포일 중 윗부분)을 마저 벗겨낸다. 병 입구를 깨끗한 천으로 한번 닦아낸다.
- 코르크 마개 중심에 나선형의 코르크 스크루를 고정시키고 앞부분을 마개 속으로 천천히 돌려 삽입한다.
- 스크루 마개 깊숙이 넣은 다음 천천히 그리고 부드럽게 마개를 뽑아낸다.

⑧ 와인 따르는 방법

- 와인 잔에서 2 ~ 3cm 가량 떨어진 간격으로 잔의 3분의 2 정도(큰 잔은 1/2)까지 따른다.
- 와인을 따를 때는 와인이 병 입구를 타고 흐르지 않게 다 따르고 난 뒤에 병을 약간 돌리면서 들어올린다.
- 와인은 잔이 비워지기 전에 채워주는 것이 일반적인 매너이다. 상대방이 와인을 따를 때 받는 사람은 잔을 손으로 들지 말고 테이블 위에 그대로 둔 뒤 잔의 받침 부분에 손을 살짝 대고 있으면 된다.

⑨ 레스토랑에서 와인 주문하는 방법

- 드라이한 타입의 와인에서 스위트한 와인 순으로 주문한다.
- 화이트 와인에서 레드 와인 순으로 주문한다.
- 숙성되지 않은 와인에서 숙성된 올드 와인 순으로 주문한다.
- 가벼운 와인에서 무거운 타입으로 주문한다.
- 그 식당에서 가장 싼 와인과 가장 비싼 와인을 시키지 않는다.
- 초보자라면 그 식당에서 가장 많이 팔리는 와인을 주문한다. 가장 많이 팔리는 와인은 우선 맛도 괜찮겠지만 무엇보다 회전이 빠르기 때문에 와인의 보관상태가 나쁘지 않다.

⑩ 와인의 종류와 용도

종류	용도
가향 와인(flavored wine)	과즙이나 향을 첨가하여 향을 좋게 한 와인으로 식욕을 돋우기 위한 식전 와인이나 칵테일용으로 쓰인다.
테이블 와인(table wine)	식사와 함께 마시는 것으로 화이트, 레드, 로제로 나뉜다.
디저트 와인(dessert wine)	일반 와인에 브랜디나 과즙을 섞어 알코올 함양과 단맛을 높인 와인으로 세리와 포트가 있다.
스파클링 와인(sparkling wine)	파티용으로 많이 사용되며 샴페인에 해당된다.

5. 해외여행 매너와 기내 에티켓

1) 해외여행

최초의 인류는 모두 여행자들이었다. 우리의 조상들은 수렵과 채집을 하러 늘 세상을 돌아다녔고 여행은 곧 생존의 방법이었으며 그들에게서 생활과 여행이 나뉜 것은 농사를 짓기 위해 정착생활을 하면서부터였다. 글로벌 생활매너와 마인드를 배우는 데 있어 해외여행 매너가 중요한 이유는 글로벌 생활의 시작과 기본은 여행에서부터 나오는 것이기 때문이다. 지금 우리는 원하면 세계 어느 곳의 정보도 쉽게 알 수 있을 만큼 인터넷, TV, 전화, 이메일 등의 다양한 정보매체와 매우 밀접하게 관계를 맺으며 살아가고 있다. 또한 교통수단의 발달로 세계 여행을 하는 것이 과거처럼 어렵거나 낯설지 않은 것도 사실이다. 실제 많은 한국인이 여행이나 출장, 연수, 유학, 스포츠, 공무수행 등의 다양한 목적으로 해외를 다녀오고 있으며 국내 또한 외국인들이 다양한 목적으로 입국하고 있다.

한국인의 활동 영역이 넓어지고 여행객이 많아지면서 외국인과의 접촉이 증대되고 한국의 경제가 성장하면 성장할수록 세계적 위상이 높아지고 있다. 따라서 한국인에 대한 외국인의 관심은 커지고 우리와의 경쟁심, 경계심도 커질 수밖에 없다. 또한 한류열풍으로 인해 '세계 속의 한국'이 많이 알려졌음도 물론이고 스포츠, 미술, 영화, 음악, 뷰티 등의 다양한 문화예술 산업 분야에서도 높은 수준을 자랑하고 있다. 하지만 높은 위상만큼 한국의 경제성장에 비례하여 국민의식 수준과 글로벌 매너가 높은 수준인지는 깊게 생각해 볼 필요성이 있다. 과거 여행자유가 제한되었던 시절에는 정부관리, 국회의원, 기업체 임직원, 학교재단 관계 인사 그리고 유학시험에 합격한 유학생 등 선택된 사람들만이 제한적으로 여행을 할 수 있었기 때문에 여행객의 에티켓, 매너 등은 그리 큰 문제가 되지 않았다. 따라서 우리나라 소수의 여행객은 낯선 이국 여행이 신기하고 선택된 사람이라는 기분으로 대부분이 정부나 소속회사에서 경비를 부담하다 보니 어리둥절한 촌사람 같은 기분으로 여행을 하게 되었고 여러 면에서 점잖고 조심스럽게 처신을 했다고 할 수 있다. 여행하는 과정에서 접하게 되는 여러 가지 낯선 일에는 신중하게 처신하려고 노력했고 잘 모르면 남이 하는 대로 보고 배우면서 실수를 하지 않으려고 요령껏 노력한 것만은 사실이다. 간혹 실수를 하더라도 항공기 승무원들의 친절한 설명이나 안내로 낯선 관습을 배울 수 있었고 그대로 잘 순응하는 경우가 대부분이었다.

그런데 1970년대 들어 중동 여러 나라에 대한 취업 근로자 파견 등 한국인의 해외여행이 본격화 내지 대중화되면서 여행객의 행태에 많은 문제점이 노출되었다.

여행객들의 언행, 매너, 에티켓, 한국식 관습, 악습 등 타인이 보기에 혐오감을 주는 많은 행동이 꼬리를 물고 표면에 나타나게 된다. 공항에 앉아서 기다리는 태도, 의자에 누워있거나 담배를 아무데서나 피우면서 꽁초를 함부로 버리는 행위, 고스톱이란 화투놀이를 펼치며 떠드는 행위 등 일련의 추태가 한때 유행처럼 나타났다. 그러나 최근 들어 여행객의 질이 상대적으로 향상되고 있음은 다행이다.

우리나라는 경제협력개발기구(OECD)회원국으로서 경제 규모는 국내 총생산 기준 2020년 세계 10위이다. 따라서 경제수준에 맞는 국민의식 수준, 즉 국제 생활교양 수준을 갖추어야 한다.

① 해외여행 준비

- 여행을 가고자 하는 나라의 문화, 기후, 언어, 음식, 교통 등의 정보를 미리 알아보고 자료를 수집해놓는다.
- 국제적인 공통어로 영어가 통하기는 하지만 그 나라의 언어로 인사하기, 감사표현, 길 묻기 등의 필수적인 의사소통을 몇 가지 준비하는 것이 좋다.
- 숙소에 대한 정보를 충분히 알고 불편함이 없도록 준비한다.
- 혹시 모를 여행지에서의 사고, 질병 등을 대비해 여행기간 동안 1일 단위의 보험료를 내고 여행자보험을 들 수 있다.
- 모든 여행비용을 환전해서 들고 다니는 것이 불편하면 해외거래가 가능한 신용카드를 챙겨가야 한다. 신용카드 해외거래 가능 여부와 한도를 확인하여 준비한다.

- 서류나 지갑, 휴대폰 등의 분실을 대비해 카드번호, 여권번호 등을 적어놓고 긴급하게 연락을 취할 경찰서나 한국 영사관 등의 연락처를 알아놓는다.
- 우리나라에서 쓰던 핸드폰 통신을 다른 나라의 통신서비스 지역 내에서, 즉 해외여행에 가서도 통신이 가능하게 해 주는 서비스 '로밍'을 신청한다.
- 여행용 가방은 내용물의 보호, 방수, 충격 시 견고성 등을 고려하여 준비한다.
- 여행의 시간과 교통수단 이용 계획을 충분히 세워 원하는 목적이 달성될 수 있도록 한다.

② 여행에 필요한 물품

구분	종류	내용
여행서류 1	현금	분실을 대비해서 준비한다.
	여권	가족여권인 경우 동반자 기재사항을 확인한다.
	비자	목적지, 경유지 국가 확인한다.
여행서류 2	항공권	예약을 재확인한다.
	사진(예비용)	비자용, 여권분실 예비 포함하여 준비한다.
	여행자보험	개별 여행의 경우 필수이다.
	예약호텔	현지 예약호텔을 재확인한다.
	항공사 현지 전화번호	여행 목적지 내의 항공사 지점 및 대리점을 알아둔다.
	국제운전면허증	여행목적지의 렌터카 시스템과 교통규칙을 조사한다.
여행용품	세면도구	치약, 칫솔, 면도기, 생리용품 등
	화장품	기초/색채화장품, 선글라스, 콘텍트렌즈, 식염수 등
	수첩	여권/항공권번호, 신용카드번호, 한국영사관 번호 등
	참고도서	관광안내책자 및 여행관련 책
	비상약품	소화제, 위장약, 감기약, 설사약, 진통제, 멀미약 등

③ 예약과 취소

• 예약의 의미

개인이 여행할 때뿐만 아니라 회사 업무로 상관을 수행하게 될 경우 항공권이나 호텔을 먼저 예약함으로써 즐거운 여행을 할 수 있고 유능한 직원으로 인정을 받을 수 있다. 그리고 여행 준비가 되어도 출국 2일 전에 항공사에 전화로 출국 예약을 재확인하는 것이 필요하다.

그렇게 하지 않을 경우 여행자가 많고 또 출국할 여행객이 혹시 공항에 늦게 도착하여 수속이 늦으면 여행을 취소한 것으로 간주하여 대기자(Waiting list)상에 있는 여객에게 항공권을 판매하는 경우도 있기 때문이다.

예약제도는 인류사회가 복잡하게 됨으로써 수요 공급이 많은 주문에 효과적으로 대처하기 위해 발달했다고 할 수 있다. 예약의 현대적 의미를 본다면 첫째는 수요 공급자 간의 약속이며 둘째는 수요 · 공급자 상호 간 대우 및 편의제공의 필요성, 셋째는 고객 확인, 마지막은 손님에 대한 주인의 서비스 확보 등 수요 · 공급자 간의 거래상의 교통정리를 위한 제도이다.

과거에 우리나라에서 예약이 필요한 곳은 종합병원, 항공회사, 호텔, 극장, 예식장, 미용실, 일부 식당 정도였으며 우리 생활 자체가 예약 관습에 익숙하지 않았기 때문에 발달되지 못하였으나 최근에는 예약에 대한 인식이 차츰 높아지고 있다. 반면 서양, 유럽의 여러 나라에서는 예약하지 않으면 안 될 정도로 예약제도가 생활화되어 있다. 서구에는 개인병원, 치과, 자동차 정비공장 등 용무가 있어 가야 할 곳에는 대부분 사전 연락 또는 예약을 해야 한다. 특히 관공서, 회사 기타 친지 방문 시에도 사전 연락 또는 예약을 하는 것이 관행이며 예의이다.

• 예약 취소

일단 예약을 하는 행위는 수요자와 공급자간의 구두 약속행위를 위미한다. 따라서 문서로 약속을 하지 않았더라도 전화 또는 구두로 약속을 했을 경우에도 약속 당사자 상호간의 약속을 지키는 것이 예의이다. 그러나 우리는 할 수 없이 예약을 해야 하는 것으로 인식하고 있으며 예약을 했다 하더라도 사정상 변경, 또는 취소를 해야 할 사유가 발생한 때에는 정식 취소 등 통고 없이 예약 부도를 내는 경우가 많다. 몇 년 전까지만 해도 예약 부도를 내는 비율은 식당 72%, 콘도 50%으로 예약한 사람 중 절반 이상이 취소 통고를 하지 않고 약속을 지키지 않는 것으로 방송에 보도된 바 있다.

이러한 문제로 중요한 예약의 경우에는 구두 약속에 따라 서면 약속을 하게 되는데 이 경우에는 일종의 계약 같은 성격을 가지게 되므로 약속을 어기는 경우 10 ~ 20%의 범칙금을 공제 받게 되는 경우도 있다. 외국의 경우 개인병원(치과 등)에 예약을 하고 사전 통고 없이 병원에 가지 않는 경우 진찰비를 부과하는 곳도 있다. 호텔의 경우도 예약을 해 놓고 사전 취소 연락 없이 투숙하지 않으면 부분적으로 손실을 부담하게 된다.

식당 예약과 취소에는 융통성이 많다고 할 수 있겠으나 반드시 손님이 많은 경우에만 예약을 요하는 것은 아니다. 예약의 의미는 손님 측에서는 고객으로 좋은 자리와 손님이 많을 경우 좌석 배정을 요구하는 의미가 있으며, 식당 주인의 입장에서는 고객(단골손님)에 대한 친절한 예우를 보장하는 의미로 해석할 수 있다. 예약은 당사자 간의 사전 약속인 동시에 상호간의 예의의 표시이며 교양인으로서의 자질을 표현하는 행위로 인식되어야 한다.

④ 호텔 투숙 시 매너

- 객실
  - 객실 열쇠는 일반 열쇠나 카드키로 되어 있는데 열쇠 보관함에 꽂아야 객실 내의 전원이 들어오는 경우가 대부분이다.
  - 객실 열쇠는 분실의 경우를 대비해 외출할 때는 프론트에 맡기는 것이 좋다.
  - 객실 안에서 지나치게 소란스럽게 하거나 TV와 음악을 크게 틀어 놓는 것은 자제하라.
  - 보증금이 결제될 수 있는 신용카드를 챙겨라.
  - 팁, 주는 사람의 마음도 따뜻해진다.
  - 귀중품은 객실 안전금고에 보관하는 것이 좋다.

– 베란다의 유리문이 자동으로 잠길 수 있으니 베란다로 나갈 때에는 반드시 문을 열어놓고 취침이나 외출 시에는 도난 등의 위험이 있으니 베란다 문을 이중으로 잠근다.
– 오전 10시 이후에는 객실을 청소하기 위한 룸 메이드가 올 수 있으므로 방해받고 싶지 않다면 'Do not Disturd'라는 카드를 복도 쪽 문고리에 걸어놓고 자면 된다.

• 욕실
– 외국 호텔의 경우 욕실 바닥이 배수가 되지 않는 재질이거나 배수구가 없는 구조일 수 있으므로 샤워를 할 때는 샤워 커튼을 욕조 안으로 넣어서 물이 튀지 않게 주의한다.
– 욕실에 비치된 수건은 대략 대, 중, 소의 3가지 종류가 있다. 몸에 감는 용도, 세안용, 손이나 발을 닦는 용도이다.
– 욕실에 비치된 고무매트를 바닥에 깔아 미끄러움에 대비하고 욕조매트는 욕조 바로 옆 바닥에 놓아 물이 튀는 것을 방지하고 떨어진 물은 닦는다.

• TV / 전화
– 호텔 내의 부서나 객실끼리의 통화 등은 무료이며 모닝콜서비스 등을 부탁할 수 있다.
– 객실의 TV채널에는 일반채널과 호텔 자체 채널이 있으므로 객실 내에 비치된 프로그램 안내서나 호텔 안내 책자를 참고하면 된다.
– 호텔에서 국제전화를 거는 경우 카드식 전화보다 요금이 최고 50% 이상까지 비쌀 수 있다. 사용하는 전화는 자동으로 계산되며 체크아웃 시 지불한다.

• 미니바 / 룸서비스
– 객실 내에는 대부분 찬 음료가 들어 있는 냉장고와 그 위에 간단한 주류와 스낵이 준비된 미니바가 있다. 미니바를 이용했을 경우에는 비치된 계산서에 직접 표시를 해서 체크아웃 시 계산하면 된다.
– 냉장고의 얼음이 부족하거나 얼음이 없는 경우는 아이스머신을 이용하거나 룸서비스를 이용하면 된다.

– 객실 내에서 식사나 음료를 할 경우에는 객실에 비치되어 있는 룸서비스 메뉴를 보고 전화로 주문한다. 룸서비스는 레스토랑 보다 보통 10 ~ 15% 정도 비싸다.
– 아침 일찍 식사를 해야 할 일이 있다면 전날 밤 문에 거는 행거 메뉴를 미리 작성해 문 바깥쪽 문고리에 걸어 두면 된다. 룸서비스를 이용한 다음 빈 식기는 냅킨으로 덮어 문 밖에 내어 놓는다.
– 다림질을 원한다면 객실 안에 있는 비닐주머니에 넣어 신청서에 이름, 객실 호수, 내용물, 의뢰일자 등을 적어 세탁 담당 부서를 통하여 세탁서비스를 받으면 된다.

• 호텔이용 시 주의사항
– 호텔 물품을 가져가지 말 것
– 호텔 복도에서 잠옷 바람으로 서성대거나 다니지 말 것
– 호텔 복도에서 신발을 벗고 다니는 행위를 하지 말 것
– 호텔 복도, 로비, 식당 등에서 고성방가를 하지 말 것
– 샤워할 때 바닥에 물이 흐르지 않도록 할 것
– 호텔 냉장고에 있는 음료수, 주류, 과자 등은 먹은 후에 호텔 계산서를 정산할 때 신고를 해서 지불할 것
– 아파트 호텔을 제외하고는 일반 호텔 객실 안에서의 취사는 금지할 것

⑤ 팁 지불

팁(Tip)이란 본래 18세기 어느 영국 술집에서 신속하고 좋은 서비스를 제공 받기 위해 주는 것이라고 써 붙인 글에서 나왔다는 이야기가 있고, 미국의 어느 대통령이 급히 심부름을 시키기 위해서 돈을 준 데서 생긴 말로 그 의미는 to insure promptness(신속한 조치를 보장받는다는 의미)로 일종에 급행료에 해당하는 사례금(Service charge)의 성격으로 지칭되어 지금은 서비스 제공에 대한 감사의 표시로 발전하였다. 그 후 미국에서는 하나의 불문율로서 당연히 지불해야 하는 반대급부로 인식되어 있는 실정이다.

승용차가 호텔 현관에 도착하면 짐을 내리게 되고 또 다른 사람이 반갑게 영접을 하는 경우도 있다. 짐을 내리면 포터가 오든가 직접 나르던가 해야 하며 포터를 사용할

경우 호텔 로비 접수처(Front desk)까지 운반해 주는데 이때는 팁을 주지 않는다. 호텔 투숙등록 후 방 배정이 되면 보통 포터가 열쇠와 짐을 방까지 운반해 준다. 방문을 열고 짐을 들여 놓은 다음에 열쇠를 손님에게 넘겨주는데 이때 팁을 지불해야 한다. 액수는 보통 큰 가방 1~2개에 약 1~2달러 정도면 무난하다. 고위층 인사들은 팁 같은 사소한 준비는 등한시 하는 경우가 많은데 이런 경우에는 수행원 몫이 될 수밖에 없다. 팁은 외국에서는 주로 식당, 호텔, 택시, 열차, 공항, 미용실 등에서 지불하는 것이 보통이고, 식당에서는 보통 10~15%, 호텔 및 공항에서의 짐 운반 팁은 1 ~ 2달러 정도면 된다. 공연장 좌석 안내원에게는 보통 동전으로 50센트 정도면 된다(단, 나라에 따라 차이가 있다).

단체 관광여행 때에는 여행 안내원이 팁 제도를 설명해 주는 것이 보통인데 그대로 시행하면 된다.

⑥ 해외여행 시 주의사항

여행 중에 현금 및 귀중품은 일단 분실 · 도난 사고를 당하고 난 뒤에는 그것을 경찰에 신고하더라도 보람있는 결과가 거의 없는 것이 보통이기 때문에 무엇보다도 사전에 예방책을 강구하는 것이 오히려 상책이라고 본다. 따라서 해외여행 시 주의사항은 다음과 같다.

- 정보
  - 여행지역의 정치 · 치안 · 테러 등 한국인의 과거 피해사례에 대한 충분한 정보를 수집하게 되면 해외여행을 안전하게 하는 데 도움이 된다.
  - 방문국가의 외화신고제도, 사진촬영 금지구역 등 규제법규는 물론 종교 · 풍속 · 관습 · 국민성 · 건강상 유의사항에 이르기까지 충분한 정보를 수집해 두면 안전하고 편리한 해외여행을 즐길 수 있다.

- 복장
  - 일부 이슬람 국가에서는 관광객이라도 여성들은 목과 팔, 다리를 덮는 옷을 입어야 한다.
  - 여행 중 대중 집회에 참석하거나 집단적인 단체 활동에 참가하는 것은 금물이다.

- 일반적으로 일교차의 변화에 대비해 더운 지역에 가더라도 얇은 긴소매 옷을 챙기는 등의 대비가 필요하다.
- 기후에 따라 수영복 · 우산 · 운동화 · 샌들 등을 준비하며 특별한 관광지에서는 복장을 제한하는 경우가 있으니 미리 확인하다.
- 노출이 심하거나 눈에 띄는 복장, 단정치 못한 옷차림은 현지 사람들에게 나쁜 인상을 줄 뿐 아니라 여성의 경우 성범죄 유발요인도 되므로 항상 단정한 옷차림을 한다.
- 외국의 고급 레스토랑이나 공연장에는 정장을 해야 하는 곳도 있으므로 정장 한 벌을 준비해 가면 편리하다.

• 환전

- 환전은 반드시 공식적으로 인가된 환전소에서만 하도록 한다. 그렇지 않으면 사기 등 불이익을 당할 수 있다.
- 해외여행 시 필요 이상의 현금을 휴대하는 것은 위험한 일이다. 한국인 여행자는 현금을 많이 소지하고 있다는 인식 때문에 각종 범죄의 표적이 되는 경우가 많다. 따라서 필요한 액수만 휴대하는 것이 좋다.

• 교통

- 태국 · 필리핀 등 동남아시아 일부 국가에서는 승차 전에 미리 요금을 흥정해야 요금 시비가 일어나지 않는다.
- 여러 대의 빈 택시가 있을 경우에는 반드시 맨 앞의 택시를 타고 운전기사 옆 자리는 신변의 위험이 있으므로 가급적이면 뒷자리에 탄다.

• 쇼핑

- 면세점이나 기내 쇼핑 이용이 가격 면에서 유리할 뿐만 아니라 품질도 보증 받을 수 있다. 면세한도는 600불이다.
- 가격 정찰제인 가게에서 값을 깎아 달라고 무리하게 요구하는 일은 없도록 한다.
- 과다한 쇼핑을 하게 되면 출입국 시 세관통과가 어렵다.

– 백화점에는 물건 하나하나에도 도난방지 전자장치가 부착되어 있어 계산대에서 제거되지 않으면 출구 통과 시 벨소리와 함께 적발되어 도둑으로 몰릴 우려가 있다. 따라서 영수증은 반드시 받아서 물건과 함께 소지하고 있어야 한다.

• 관광
– 사진촬영 금지구역 및 통제구역에서 사진을 찍는 행위는 삼간다.
– 박물관 · 미술관 등에서는 작품에 손대는 일이 없도록 한다.
– 길에서 침을 뱉거나 휴지나 담배꽁초를 버리지 않도록 하며 관광지나 거리에서도 방뇨하는 일이 없도록 한다.

• 도난 · 소매치기
– 소매치기는 세계 모든 국가의 거리·역·쇼핑센터·관광지 등 여러 장소에서 광범위하게 발생되고 있으므로 여권이나 현금 등 귀중품은 여러 곳에 나누어 휴대하는 것이 좋다.
– 소매치기범은 여행자의 주의력을 분산시키기 위해 친절하게 말을 걸거나 동전을 떨어뜨리는 등 갖가지 수단으로 접근하면서 단 몇 초 사이에 지갑을 빼내 가기도 한다.
– 남이 보는 앞에서 현금을 세거나 내보이지 않는다. 또한 지갑을 뒷주머니에 넣지 않도록 하고 핸드백은 열리는 쪽이 자신의 몸 쪽으로 오도록 휴대한다.
– 호텔 방에 있을 때는 반드시 방범체인을 걸어 놓고 상대방을 확인한 다음 문을 열어 주어야 한다.
– 여행 중 핸드백 · 카메라 · 소지품 등을 오토바이나 차에 탄 사람들에게 날치기 당하는 사례도 있으므로 각별히 주의를 기울여야 한다.
– 치안이 좋지 않은 지역이나 한적한 뒷골목 등을 혼자서 다니는 것은 매우 위험한 일이다.
– 주로 금품을 노리는 경우가 많다. 만약 금품이 없을 경우 생명을 위협할 수 있으므로 비상금으로 20~30달러 정도는 가지고 다니는 것이 좋다.
– 택시기사 또는 합승 승객이 외딴 곳으로 끌려 가 강도로 돌변, 금품을 강탈하는 사례가 많으므로 밤늦게 택시를 이용할 경우 특히 주의가 요망된다.

2) 기내에서의 매너

예절과 매너, 즉 교양 표현은 상호적이어야 한다. 사람과 사람 사이의 예절, 존경의 표시 등 감정 표시는 상호적일 때 가치가 있다. 승무원도 반드시 친절한 것은 아니다. 그들은 직업상 친절교육을 받고 일터에 나온 근로자이다. 따라서 그들에게서 진정한 마음으로부터 우러나오는 친절을 기대하는 것은 어떤 의미에선 지나친 희망 사항일 수도 있다. 3등석 좌석에 앉아서 여행하는 경우에는 승객이 많기 때문에 승무원이나 승객이나 특별한 경우가 아니면 기본적인 서비스 외에 좋은 서비스를 기대할 필요는 없다. 조금 서비스가 늦어도 그러려니 하고 인내를 해야 하는 것이다.

그러나 비즈니스 급 이상의 좌석에서는 보다 나은 서비스를 기대할 수 있다. 그만큼 항공료를 더 많이 지불한데 대한 반대급부를 받게 되는 것이다. 따라서 교양 있는 태도의 표현은 상호관계라는 사실을 분명히 인식하는 것이 필요하다.

① 기내예절과 유의사항

- 공간을 나눠 쓰라.

  물론 기내의 일정한 공간의 승객 본인 것이지만 그렇지 않은 공간도 있다. 바로 옆 좌석이 그런 공간 중 하나인데 특히 팔걸이에 민감한 경우가 있다. 딱히 누가 사용해야 한다고 정해져 있는 게 아니다 보니 더욱 그렇다.

- 부피 큰 물건은 자제하라.

  간혹 기내에 부피가 큰 물건을 들고 들어오는 경우가 있는데 가능하면 지양해야 한다. 특히 큰 쇼핑백이나 있으면 옆 승객에게 피해를 줄 수 있다.

- 옆 사람과 불편하지 않게 하라.

  국내선 정도야 한 시간 비행하는 거니 그냥 모른 척 하고 지내도 괜찮겠지만, 10시간 내외의 장거리 비행에선 적어도 옆 사람과 친해질 필요가 있다. 화장실 드나들 필요도 있고 신체가 접촉될 수도 있으니 말이다.

- 화장실 자주 이용할 사람은 통로 좌석에 앉아라.
  커피 등 이뇨 성분 음료나 물을 많이 마시면 화장실이 자주 필요하기도 하다. 만약 그런 자신의 성향을 안다면 통로 좌석을 선택하는 것이 옆 승객에게 가능한 피해를 주지 않는 길이다.

- 음악을 너무 크게 듣지 말라.
  간혹 지하철이나 버스 등에서 얼마나 음악을 크게 듣는지 끼고 있는 헤드폰(이어폰)에서 소리가 튀어나오는 경우를 보기도 한다. 반드시 주위사람에게 피해가 가지 않도록 주의한다.

- 창 밖 풍경이 궁금하면 창가에 앉도록 해라.
  비록 창 밖 풍경이 궁금하더라도 통로에 앉아 있다면 궁금함을 참는 게 좋다. 창밖 풍경 본다고 몸을 가로질러 창가에 다가가면 옆 사람에게 불편을 끼치는 건 당연하니 주의하라.

- 옆 사람이 뭐 하는지 궁금해 하지 말라.
  심심할 때쯤 되면 옆 사람이 뭐하는지 궁금해지기도 한다. 읽는 책이 뭔지도 궁금하고 때로는 재미있어 보이기까지 한다. 그래도 관심 가지지는 마라. 책 읽는 옆 사람 괜히 신경 쓰이고 불편해지니 말이다.

- 청결하라.
  신혼부부 첫날 밤 맞이하듯 청결할 필요는 없지만 적어도 비행기 타기 전에 기본적인 청결함은 유지하자. 심한 냄새가 난다면 옆 사람은 비행하는 내내 지옥을 경험하게 될 테니 말이다.

- 현명한 부모가 되자.
  아이들은 본능적으로 한 가지에 오래 집중하지 못한다. 두 손 모으고 조용히 있기를 기대한다면 그건 무리다. 그래도 아이의 엄마, 아빠라면 책임감이 있어야 한다. 아이들이 좋아하는 걸 미리 파악해 기내에서 그것에 집중하도록 하는 성의가 필요하다는 말이다. 요즘은 AVOD 시스템이 잘 발달해 있으니 만화영화나 애니메이션을 보여주는 것도 좋은 방법일 것이다.

- 가방이나 짐은 발 밑 앞좌석 밑에 넣어라.
기내에 짐을 둘만한 공간은 원칙적으로 머리 위 선반과 좌석 아래 공간이다. 선반이야 한번 짐 넣으면 어지간해서 다시 꺼낼 일이 없기는 하지만 발 아래 두는 짐은 옆 사람에게 불편을 주기 일쑤다. 가능하면 앞좌석 밑에 확실히 밀어 넣어두자.

- 신발이나 덧양말을 신도록 하라.
간혹 신을 벗고 발을 앞좌석 팔걸이 쪽으로 내미는 사람들도 있다. 또한 기내에서 맨발이나 양말만 신고 복도를 오가는 행동은 금물이다.

- 옷을 절제하며 입어라.
너무 심한 노출 패션은 사람들의 시선을 모은다. 길거리에서야 그냥 지나쳐가는 사람들이니 부담 없겠지만 기내에서는 상황이 다르다. 괜한 시선 느끼기 불편하다면 적당히 갖춰 입자. 흔치 않은 일이지만 미국 모 항공사는 치마길이 너무 짧다며 승객 탑승을 거절한 사례도 있다.

CS & ImageMaking

CS &
ImageM

6

이미지메이킹

1. 이미지메이킹의 개념
2. 첫인상과 표정 이미지
3. 태도 이미지
4. 스피치 이미지

Making

1. 이미지메이킹의 개념

현대 사회에서 이미지는 중요한 요소로 작용된다. 이미지는 나를 표현하고 자신의 가치를 극대화시키는 것으로서 개인의 성공과 가치를 높이는 데 중요한 역할을 한다. 많은 사람들은 상대방의 성격, 능력, 경력, 얼굴 생김새, 옷차림, 말투, 표정, 제스처 등의 외적인 모습과 행동 즉, 상대방에게 전달되는 모든 것들을 보고 느끼는 것으로 이미지를 판단하고 평가한다. 따라서 내가 생각하는 자신의 실제 이미지와 다른 사람이 생각하는 나의 이미지는 다를 수 있다.

이미지(Image)의 어원은 라틴어 '이마고(Imago)'에서 유래된 것으로 '모방하다', '흉내내다'는 뜻을 지니고 있다. 이미지는 어떤 대상, 즉 사람이나 사물에 대해서 연상되거나 떠오르는 느낌을 의미한다. 특히 개인이 갖게 되는 심상 또는 표상, 상징, 외적인 모습이라고 정의되며 심리학적으로 주관적인 이미지로서 영상과 지각적, 감정적인 상태가 합쳐진 것을 말한다. 개인의 이미지는 그 사람이 가지고 있는 고유한 느낌을 마음속에서 어떤 형상으로 나타내는 것이기 때문에 자신이 바라는 대로 그리는 것이므로 자신을 상대방에게 어떻게 표현하고 전달할 것인가가 중요하다.

이미지는 크게 내적 이미지, 외적 이미지, 사회적 이미지로 분류된다.

내적 이미지는 인간의 정신적, 심리적, 감성적 특징인 생각, 감정, 심성, 마음가짐 등이 내면의 바탕이 되는 것으로서 사고방식, 가치관, 성격 등을 말한다. 외적 이미지는 내적인 모든 것들이 외부로 나타나는 것으로서 생김새인 표정, 외모, 태도, 자세, 옷차림, 행동 등이 외적으로 표현되는 현상이다. 또한 사회적 이미지는 내적 이미지와 외적 이미지가 대인관계에서 서로의 상대적 교류를 형성하여 좋은 이미지를 부여하는 것으로서 상대방에게 호감 가는 이미지로 변화시켜 사회생활을 성공적으로 이끌어 가는 것이다.

이상적인 이미지는 내적 이미지와 외적 이미지가 조화를 이루는 것이다. 긍정적인 내적 이미지를 통해 호감가는 외적 이미지를 가꾸어 본인이 어떤 사람이 되고 싶어하는 이상적 자아상의 이미지를 강화함으로써 사회적 이미지까지도 긍정적 시너지 효과를 얻도록 하는 것이다.

따라서 이미지메이킹은 이미지를 만드는 것으로 자신의 직업, 신분, 개성에 맞도록 연출하여야 한다. 상대방에게 자신의 능력과 호감도를 높일 수 있도록 내면과 외적인 모습을 가꾸어 자신의 이미지를 상대방에게 우호적이고 긍정적으로 보이려는 것이 목표라 할 수 있다. 상대방에게 자신의 가치를 높이고 좋은 인상으로 보이기 위해 자신의 단점은 가리거나 최소화하여 보완하고 장점은 부각시켜 개인의 잠재력을 표출시켜주어 자신감과 호감을 보이게 하는 것이다. 그러므로 본인 스스로 현재 자신에 대해 정확히 파악하고 자신의 강점과 '나' 라는 존재에 대한 소중함을 통해 자신의 아름다움을 발견해서 자아 이미지에 대한 자긍심을 증가시킬 수 있다.

1) 이미지메이킹의 필요성

이미지의 영향력은 우리 개인의 행동과 사회문화를 형성할 만큼 막강해졌으며 여러 분야에서 시각적 이미지를 잘 활용할 줄 아는 사람이 설득력 있고 인정받는 시대가 되었다. 동일한 대상에 대해서도 사람은 저마다 다른 이미지를 갖게 되는데 이는 사람마다 생활가치나 경험, 배경, 욕구 등이 다르기 때문이다. 이러한 가치나 경험, 욕구 등은 개인이 지각하고 생각하며 느끼는 심리과정에 영향을 주고, 개개인은 대상에 대해 저마다의 다른 이미지를 형성하게 된다.

이미지메이킹은 개인의 인간관계와 사회생활에서 중요한 요소로 작용한다. 사회는 많은 유기조직체의 현장으로 외모에 대한 사회적 관심이 증가 추세이며, 외적 이미지는 타인에게 자신을 전달하고 표현하는 중요한 수단으로 인식되어가고 있다. 그러므로 사회와 직장에서 타인의 눈으로 바라본 나의 이미지를 파악해야 하며, 자신의 이미지를 긍정적으로 평가 받을 수 있도록 이미지 개선을 하여야 한다. 또한 이미지 개선으로 인해 자신감 있는 사회생활이 가능하며 자신감 회복으로 인해 정신적 만족감을 극대화시킬 수 있다.

이미지 형성은 개인 각각의 정보들을 조직화하여 하나의 형태로 의미화하여 지각하는 것을 의미한다. 이미지 형성 요소로는 크게 표정, 태도, 말투 등과 옷차림, 메이크업, 헤어스타일 등 외형적인 이미지로 분류할 수 있으며 내적 이미지 형성요소로는 긍정적인 사고와 자신감, 자아존중감, 자아정체감, 자기성찰 등을 말한다. 이미지는 상대방에게 많은 영향을 미치므로 자신만의 독특한 이미지를 만들어야 하고 자기 이미지를 끊임없이 향상시켜 나아가야 한다.

2) 성공적인 이미지메이킹 전략

① 자신을 알라. Know Yourself

이미지를 만들기 위해서는 무엇보다 자기 자신을 먼저 냉정하게 관찰하고 판단해야 하며 주관적인 자아와 객관적인 자아의 인식차이를 알아야 한다. 따라서 자신에게 맞는 이미지를 선택해야 한다.

② 자신을 계발하라. Develop Yourself

자신의 이미지와 내가 좋아하는 이미지는 별개이다. 내가 원하는 이미지와 실제 나의 이미지 사이에는 차이가 있다. 이러한 차이를 줄여나가기 위해 자신의 단점은 줄이고 장점은 더욱 개발하는 노력을 해야 하며 자신에게 어울리는 이미지를 계발하여야 한다.

③ 자신을 포장하고 상품화시켜라. Package Yourself

같은 물건이라도 그것을 어떻게 포장하느냐에 따라 물건의 가치와 그것을 대하는 우리의 태도가 달라진다는 것을 우리는 익히 알고 있다. 그러므로 내면 이미지의 가치를 살릴 수 있도록 자신의 외적 이미지도 개발하여야 한다.

④ 자신을 알리고 광고하라. Market Yourself

현대사회는 정보화 사회이다. 이러한 사회에서 자신에 대한 정보를 알리는 것은 다른 사람들을 배려하는 예절의 또다른 방법이라 할 수 있다. 그러므로 자신의 이미지를 당당하고 긍정적으로 보여주는 태도가 필요하다.

⑤ 나의 나다움을 개발하라. Be Yourself

자신의 이미지에 대해 자신감을 가지고 더 나은 나를 개발하기 위해 또, 나의 자아실현을 위해 끊임없이 노력해야 한다.

2. 첫인상과 표정 이미지

1) 첫인상

첫인상은 맨 처음 사람을 만났을 때 형성된다. 첫인상은 보통 3 ~ 7초로 짧은 순간에 결정되며 처음 만나서 느껴지는 상대에 대한 인상을 판단하는 것이다. 따라서 첫인상은 타인에 의해 지각되며 이를 통하여 그 사람의 전체 이미지를 결정하게 되는 것이다. 그러므로 첫인상은 내 의지와는 상관없이 상대방에게 보이는 대로 판단되는 것으로 매우 주관적이고 일방적으로 이루어진다. 첫인상을 결정하는 요소는 시각적인 요소와 청각적인 요소이며 인사, 표정, 자세, 차림새, 제스처 등으로서 상대의 이미지가 어떤 식으로든 인식이 되면 계속해서 강력한 영향력을 행사하게 된다. 이렇듯 첫인상은 오랫동안 이미지에 영향을 미치기 때문에 사회적 상호작용에 있어 중요한 결정 요소로 작용하게 되는 것이다. 상대방에게 좋지 않은 첫인상을 남기면 나쁜 이미지가 형성되어 좋은 인상으로 바뀌게 되기까지 많은 시간과 노력이 필요하다. 따라서 첫인상은 관계형성이 어떻게 진행될 것인가에 대한 중요한 열쇠로 작용하며 인간관계와 비즈니스 등에서도 큰 영향을 미치게 되는 요인이다. 객관적으로 누구에게나 호감을 줄 수 있는 매력적인 첫인상을 연출하도록 표정, 시선, 인사, 바른 자세, 부드러운 목소리, 옷차림 등을 점검하고 관리하는 노력이 필요하다.

첫인상의 심리학 효과

초두 효과	맨 처음 들어온 정보가 나중에 들어온 정보보다 더 강력하게 작용하는 것으로 첫인상이 쉽게 바뀌지 않는 현상이다.
후광 효과	매력적인 사람과 같이 있으면 자신의 가치가 올라갈 것이라는 인식과 어떤 사람에 대해 평가할 때 부분적인 속성을 가지고 일반화시켜 전체를 판단하는 것을 말한다. 첫인상이 긍정적이면 '매력적이고 지적이다'라는 등의 평가를 받게 되는 현상을 말한다.
맥락 효과	처음 인지한 정보가 나중에 들어온 정보에 대해 근거를 제공하여 전반적인 맥락을 제공하는 현상을 말한다.
최근 효과	정보가 차례대로 제시될 때 시간적으로 가장 최근에 제시된 정보에 의해 영향을 받는 현상을 말한다.
부정적 효과	첫인상의 부정적인 정보가 긍정적인 정보보다 인상을 결정하는 데 많은 영향을 주는 현상이다.
대비 효과	매력이 많은 사람 옆에 있으면 나와 비교되어 자신의 매력이 작아 보이는 현상을 말한다.

2) 표정

대인관계에서 얼굴 이미지는 그 사람의 전체 이미지를 결정하는 중요한 요소로 작용한다. 또한 얼굴은 상대방의 감정 상태를 파악할 수 있으며 사회생활의 커뮤니케이션에 있어 매우 중요한 영향을 끼친다.

표정 이미지는 이미지 형성에 있어 가장 중요한 부분을 차지하며 입 꼬리를 올린 미소 띤 밝은 표정은 상대방에게 긍정적인 이미지를 줄 수 있다.

사람의 얼굴 근육은 80여 개로 이루어져 있고 7,000여 가지의 표정을 만들 수 있다. 이렇듯 다양한 표정은 얼굴 근육의 움직임에 의해서 다양한 표현을 나타내며 그 사람의 감정이 드러나는 것으로서 얼굴 표정만으로도 기분상태와 건강상태 등을 가늠할 수 있다. 그러므로 표정은 내면으로 부터 자연스럽게 나와야하는 내적 이미지이자 외적 이미지이기도 하다. 뇌 과학자인 모이 겐이치로에 의하면 인간의 얼굴은 늘 다른 사람을 판단하는 타인의 마음을 짐작할 수 있는 매개체이고 얼굴 인상을 통하여 상대방의 성격도 알 수 있다고 하였다. 또한 성공하는 사람에게는 그 사람만의 표정이 있으며 때로는 운명을 바꾸기도 한다. 따라서 밝은 표정의 효과는 상대방에게 호감을 주고 대인관계에서도 좋은 이미지를 줄 수 있다. 상대방에게 호감을 전달하기 위하여 평소 눈과 입의 표정을 밝게 하고 긍정적인 마인드를 가지고 표정 이미지를 트레이닝해야 한다.

① 얼굴의 표정

우리는 상대방에게 글이나 말로 전달하는 언어적 요소와 표정, 태도, 제스처 등으로 표현하는 비언어적 요소로 상대방과 의사소통을 한다. 그리고 이런 비언어적 커뮤니케이션에 의하여 전달되는 정보량은 대단히 많다.

미국의 심리학자인 알버트 메라비언(Albert Mehrabian)은 커뮤니케이션에서 정보량은 얼굴 표정 등으로 전달되는 시각적인 요소가 55%, 청각적인 요소가 38%, 언어적인 요소가 7%로 형성된다고 하였다. 여기에서 시각적인 요소는 표정이나 시선, 자세, 패션 등을 의미하고 청각적인 요소로는 음성, 억양, 목소리의 크기, 말투가 있으며 언어적인 요소는 말의 내용 등이 해당된다. 얼굴 표정은 인간의 자기 감정과 의사를 표현하고 전달하는 비언어적 커뮤니케이션 수단이다.

얼굴이미지 유형은 우아한, 고급스러운, 차가운, 도시적인, 유능한, 지적인, 발랄한, 귀여운, 어려보이는, 사랑스러운, 여성스러운, 섹시한, 청순한, 단정한, 부드러운, 편안한, 친근한, 자연스러운, 섬세한, 활동적인, 개성있는, 강한, 남성적인 등으로 분류된다.

② 눈썹의 표정

눈썹은 개인 성격을 잘 나타내는 곳으로 첫인상을 결정짓는 요인이자 그 사람의 전체 이미지에 많은 영향을 미치는 부분으로 얼굴 표정을 연출하는 데 있어서 가장 중요한 부분이다.

- 눈썹 트레이닝
  - 양손의 검지손가락을 수평으로 해서 눈썹에 가볍게 붙인 상태로 눈썹만 상하로 여러 번 움직인다.
  - 눈을 양 미간 사이로 내려 눈썹의 각도를 세모꼴로 만들어 본다. 아마 거울 속에는 화가 난 표정이 보인다.
  - 눈썹을 바싹 위로 올려 눈썹의 각도를 둥근 모양으로 만들어 본다. 거울에 나타난 표정은 밝은 모습으로 보인다.
  - 위와 같이 눈썹의 각도를 이용한 표정만으로도 상대에게 친근감을 보낼 수 있다.

③ 눈의 표정

눈은 사람의 심리상태를 있는 그대로 반영된다. 긍정적이고 밝은 생각을 가졌을 때는 눈의 표정도 맑고 밝아진다. 상대방의 눈을 바라보며 부드러운 시선, 떨림이 없는 시선을 보고 그 사람이 정직하고 믿음직스럽다고 느껴지는 반면 상대방의 눈을 바라보지 않고 이야기하는 사람에게서는 진실한 느낌을 받지 못한다. 또한 줄곧 상대방의 눈을 뚫어져라 바라보거나 눈을 너무 자주 깜박이고 상대방을 아래위로 훑어보며 곁눈질을 하고 옆을 힐끗힐끗 쳐다보면 그 사람은 좋은 인상을 상대방에게 전달하지 못한다. 상대방과 이야기를 나눌 때에는 시선을 눈, 미간, 코로 자연스럽게 바라보면서 대화를 나누면 자연스러운 시선 처리를 할 수 있다. 또한 첫 만남일지라도 시선은 정직하고 다정하며 따뜻하게 보내는 것이 상대방에게 좋은 이미지와 마음의 교감을 심어 줄 수 있다. 따라서 선하고 부드럽고 안정된 눈매를 만들기 위해 눈 주변 근육을 풀어주고 초승달 눈이 되도록 노력해야 한다.

④ 입의 표정과 스마일 연출법

밝은 인상의 기본은 역시 웃는 얼굴이며 입 주위는 표정을 결정짓는 가장 중요한 부분이다.

미소의 표현은 품격 있고 표정이 살아 있는 연출로서 자신을 위해 상대에게 호감을 보여주는 것이다. 또한 미소는 매력과 따뜻함을 느끼게 하고 커뮤니케이션에서 매력의 인식작용에 효과적인 영향을 주는 중요한 단서가 되기도 한다.

호감을 주는 스마일라인은 긍정적인 마인드로 입 꼬리를 살짝 올리면서 미소를 지으면 부드럽고 자연스러운 좋은 인상을 준다. 상대방에게 이러한 스마일라인을 보여주기 위해서는 평소에 입 꼬리가 쳐지지 않게 연습하도록 하며 웃을 때에는 입술이 비뚤어지지 않도록 반듯하게 대칭이 되게 하여야 한다. 스마일 기법은 양손의 검지를 이용하여 입 꼬리를 올린다. 또한 발음 시 위스키, 와이키키 등 '키' 발음을 활용한 스마일라인 기법을 지속적으로 노력한다면 미소 띤 환한 표정이 형성될 것이다.

3. 태도 이미지

태도는 그 사람의 감정과 표정을 담아내고 습관에 영향을 받으며 인성과 인격을 나타낸다. 바른 자세를 가진 사람은 당당하고 자신감 있게 보인다. 또한 상대방에게 예의를 갖추고 따뜻한 마음으로 태도를 보이는 것은 사람과의 의사표현에 도움을 준다.

바른 자세는 개인의 연령, 성별, 체형, 직업적인 특성에 따라 기준이 다르며 상대방에게 존경과 관심, 사람과의 관계를 나타낼 수 있다. 바른 자세를 통하여 상대방 쪽으로 몸을 기울이고 말에 관심을 표현하는 자세는 우호적인 관계의 뜻과 호감을 표시하며 본인 스스로에게도 인간관계에 대한 자신감을 줄 수 있다. 반면 몸을 뒤로 젖히거나 팔짱을 끼며 다리를 포개는 자세는 비우호적인 관계를 표현하는 것이며 소심하거나 구부정하고 꼿꼿하지 않은 자세는 자신감 없는 이미지를 줄 수 있다.

따라서 상대방에게 상황에 따른 바른 자세와 제스처 등을 보여줌으로써 자신의 좋은 이미지를 전달할 수 있다.

1) 바른 자세 자가 테스트

거울과 연결 선상에서 자신의 전신이 비춰지도록 서서 살펴 보자.

- 바른 자세로 서서 전체적인 자세를 점검해보자.
- 어깨의 높낮이 차이와 좌우에 보이는 폭을 비교해보고 한쪽 어깨가 처져 있지 않는지, 어깨를 웅크리고 있지 않는지 살펴보자.
- 머리에서부터 발끝까지 곧고 바르게 서있는지, 바르게 서 있을 때 편안한지 아니면 힘이 들고 어려운지 살펴보자.
- 옆으로 선 자세도 확인하자. 어깨가 너무 젖혀 있는지, 어깨가 처져 있는지, 등이 굽어 있는지, 배가 나온 모습은 아닌지 살펴보자.
- 스스로 바른 자세를 유지하고 있는지 생각해보자.

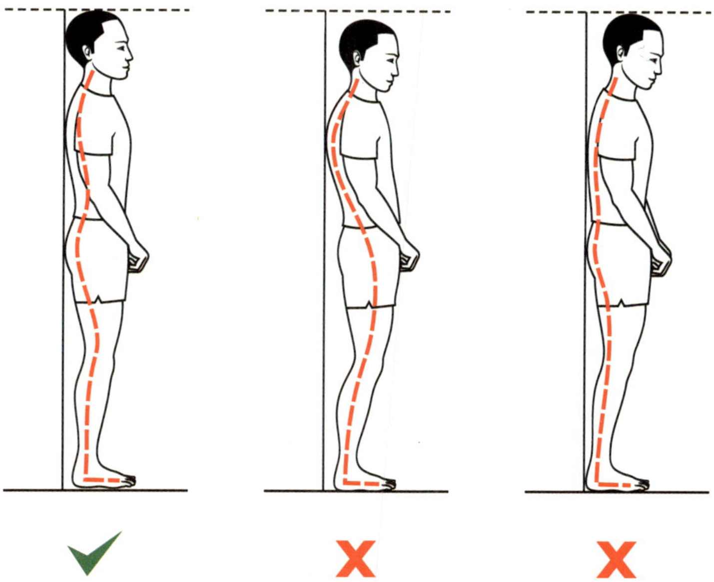

2) 올바른 자세 이미지 연출법

① 바르게 선 자세

모든 동작의 기본이 되는 선 자세가 잘못되면 모든 자세가 바르게 될 수 없다.

신체의 자세는 마음의 자세에서 비롯되므로 자세는 곧 마음으로 해석될 수 있다. 바른 자세는 타인에게 호감도 주지만 스스로 자신감도 생기고 자세교정으로 인해 신체도 건강하게 유지할 수 있다.

- 가슴을 펴고 등을 곧게 세워서 배에 힘을 준다.
- 턱을 아래로 살짝 당기고 고개를 반듯하게 들며, 시선은 정면을 향한다.
- 머리는 옆으로 갸우뚱하지 않고, 어깨는 수평이 되도록 바르고 곧게 든다.
- 눈의 시선은 눈높이의 5 ~ 6cm 정도 정면을 보고 눈을 위로 치켜뜨거나 옆으로 보거나 아래로 보지 않도록 한다.
- 입은 가볍게 다물고 부드러운 표정을 짓는다.
- 허리는 주먹 하나 정도의 공간을 두고 곧게 편다.
- 어깨와 팔은 힘을 빼고 자연스럽게 내린다.
- 남성의 경우 양손을 가볍게 주먹 쥐고 바지 옆선에 놓는다.
- 여성의 경우 손은 왼손 위에 오른손을 올려 아랫배 위에 가지런히 올려놓는 공수(拱手) 자세를 취한다.
- 발은 양쪽 발의 뒤꿈치를 붙이며 남성은 30 ~ 45도 정도로 자신의 어깨 넓이로 서고, 여성은 15 ~ 30도 정도로 두 다리를 곧게 펴고 붙인 상태에서 자연스럽게 선다.

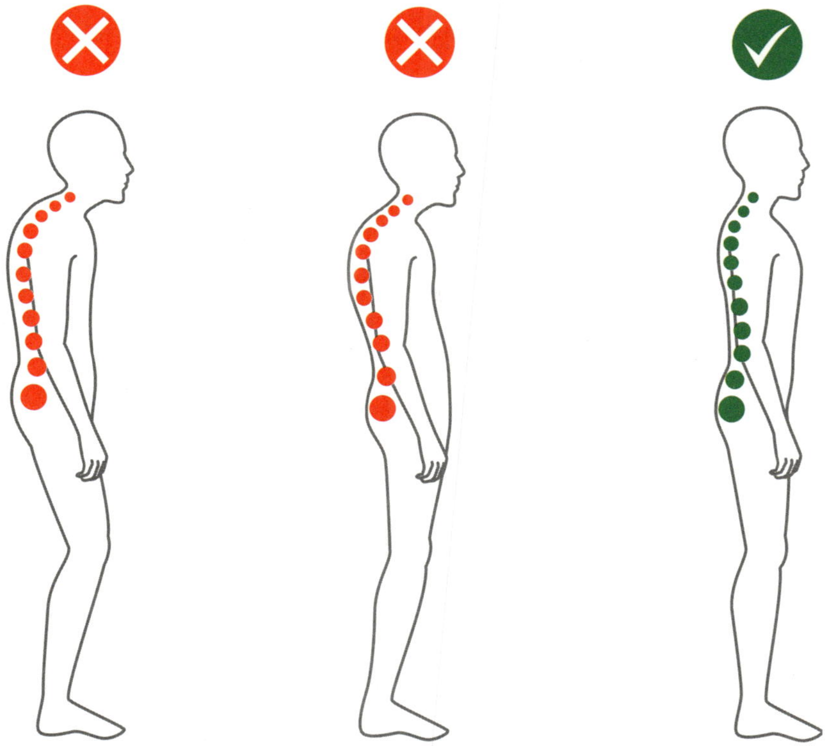

② **바르게 앉은 자세**

앉은 자세는 상대방의 시선에서 안정되고 편안한 자세가 되도록 한다.

- 의자가 밀려 흔들리지 않도록 허리는 반듯하게 세워 의자 깊숙이 앉는다.
- 가슴과 어깨를 펴고 시선을 정면을 향하며, 고개는 턱을 아래로 살짝 당겨 바르게 한다.
- 여성은 두 손을 공수(拱手) 자세로 취한다.
- 여성의 경우 다리는 가지런하게 세우거나 자신의 편한 쪽으로 약간 기울이며 발끝은 가지런하게 모아 정면을 향하게 한다.
- 남성은 두 손을 가볍게 주먹 쥐고 허벅지 위에 올려놓는다.
- 남성의 경우 다리는 무릎과 발꿈치가 90도 되게 한 후 다리를 어깨 넓이로 벌리고 발의 모양은 11자로 평행되게 한다.
- 다리를 꼬거나 흔들지 않는다.

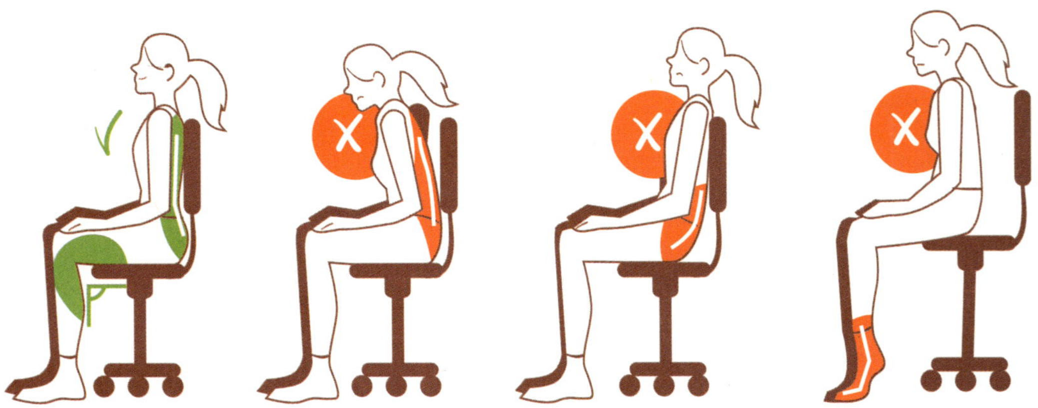

③ 바르게 걷는 자세

바른 자세로 곧고 씩씩하며 활기차게 걷는 걸음걸이는 개인의 자신감을 엿볼 수 있으며 상대방에게 신뢰감을 줄 수 있다.

- 머리와 목은 똑바로 하고, 어깨는 수평으로 한다.
- 아랫배에 힘을 주고 몸이 흔들리지 않게 가슴과 등을 곧게 편다.
- 얼굴은 고개를 살짝 아래로 향하고, 시선은 정면에서 15도 정도 올려 본다.
- 몸의 중심은 발에 두며 어깨 넓이 보폭으로 걷는다.
- 양발이 평행이 되도록 두고 무릎은 살짝 스치듯이 걷는다.
- 바지나 스커트의 옆 재봉 선에 손을 자연스럽게 주먹을 쥐고 팔을 앞뒤로 자연스럽게 움직인다.

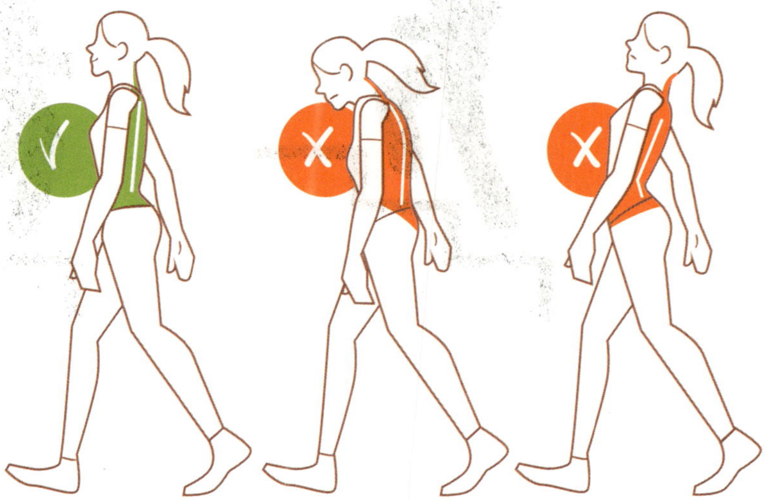

④ 계단에서의 바른 자세

- 계단을 올라갈 때
  자세를 바로 잡고 다리는 무릎을 접고 천천히 발을 이동시키며, 시선은 15도 정도로 향하여 정면을 본다.

- 계단을 내려갈 때
  자세를 바로 잡고 다리는 무릎을 펴고 천천히 발을 이동시키며, 시선은 15도 정도로 코 끝을 향해 아래로 본다.

4. 스피치 이미지

언어는 의미의 전달과 표현으로써 커뮤니케이션의 가장 근본적인 사용 수단이다. 인간관계에서 말은 커뮤니케이션의 중심이 된다. 상대방과 대화 시에 품격있는 목소리와 말투는 자신이 표현하고자 하는 의미의 전달과 자신의 이미지를 결정짓는 중요한 요소로서 친절함과 공손함이 동시에 전달되어야 한다. 또한 미소 띤 얼굴표정으로 밝고 상냥하며 부드럽게 말하고 자연스러운 제스처를 사용해야 한다. 상대방과의 커뮤니케이션을 할 때 중요한 것은 목소리이다. 목소리는 개인의 인격, 감성과 지성이 반영되어 있으며 좋은 목소리는 부드러운 목소리로 정확한 발음, 깨끗한 음질, 풍부한 억양 등을 갖추는 것을 말한다. 따라서 자신의 목소리 크기가 적당한지, 말투가 빠른지 느린지, 부드러운 목소리인지 등을 파악하여 자신의 단점을 찾아 보완해 나가야 한다. 또한 좋은 목소리와 더불어 긍정적이고 자신감 있는 태도와 상대방을 배려하는 따뜻한 마음을 목소리에 표현한다면 사람의 마음을 움직이고 공감을 줄 수 있다.

1) 스피치 트레이닝

① 복식호흡

목소리는 후두 안에 있는 성대에서 생기는 것으로 목구멍에서 나오는 소리이다.

말을 할 때는 숨이 차지 않고 자연스러워야 하며 목소리가 전체적으로 안정되어야 한다.

- 몸의 긴장을 풀고 마음을 편하게 가지며 몸을 바르게 편다.
- 복식호흡은 가슴으로 호흡하며 소리를 내는 것이 아니라 배 아래에서부터 호흡하는 소리이다.

- 코로 숨을 들이 마실 때에는 배가 나오도록 하고 숨을 내쉴 때는 입으로 후~ 소리내면서 숨을 들이 마실 때보다 길고 천천히 내뱉으며 배가 들어가도록 한다.
- 숨을 크게 깊게 들이마시고 내뱉으면서 배에 힘을 주고 음~, 옴~, 아~ 등 소리를 내어본다.
- 복식호흡이 잘 이루어지면 큰 소리로 정확히 발성과 호흡, 발음을 연습한다.

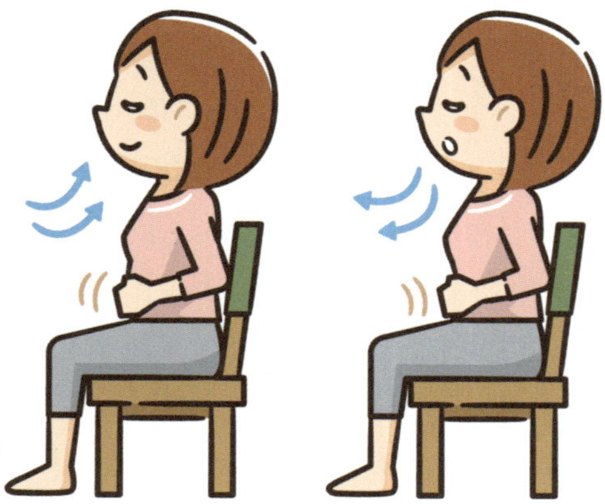

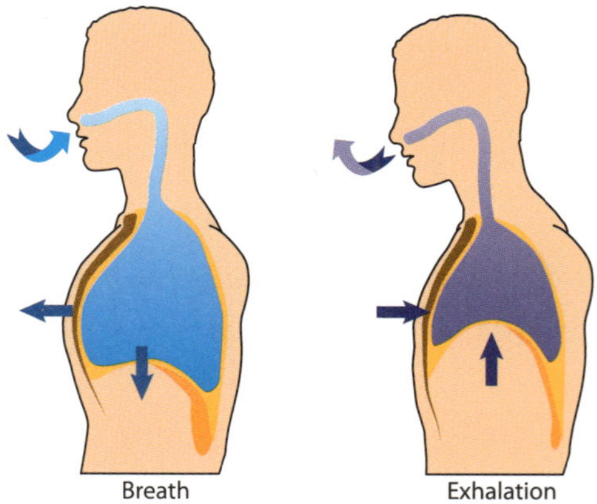

② **발음**

좋은 발음을 위해서는 입의 근육과 혀의 근육을 유연하게 만들어야 한다.

- 정면으로 똑바로 서서 가슴과 허리를 편다.
- 몸과 어깨에 긴장을 풀고 발 앞쪽으로 무게 중심을 둔다.
- 숨을 크고 깊게 들이마시고 내뱉으면서 소리를 내어본다.
- 입모양을 크고 정확하게 벌려서 소리낸다.
- 문장 하나씩 천천히 정확하게 또박또박 읽으며 발음해 본다.

입 주위 근육운동

- 입을 '아' 벌리고 턱을 오른쪽에서 왼쪽으로 움직여 보자. 계속 반복해서 해본다.
- 입을 다물고 한껏 빰을 부풀려 공기를 머금은 채 오른쪽 → 왼쪽 → 위 → 아래로 움직여 보고 반복한다.
- 입가를 최대한 당긴 다음 입술을 뾰족하게 내밀고 다시 옆으로 당기는 것을 반복한다.
- 입을 최대한 크게 벌려 높은 톤으로 또박또박 '아 → 이 → 우 → 에 → 오'의 입모양을 발성해 본다.
- 입 꼬리는 근육이완을 위한 발성법으로 '하, 히, 후, 헤, 호/하하, 히히, 후후, 헤헤, 호호' 해본다.

발음연습표

가	갸	거	겨	고	교	구	규	그	기
나	냐	너	녀	노	뇨	누	뉴	느	니
다	댜	더	뎌	도	됴	두	듀	드	디
라	랴	러	려	로	료	루	류	르	리
마	먀	머	며	모	묘	무	뮤	므	미
바	뱌	버	벼	보	뵤	부	뷰	브	비
사	샤	서	셔	소	쇼	수	슈	스	시
아	야	어	여	오	요	우	유	으	이
자	쟈	저	져	조	죠	주	쥬	즈	지
차	챠	쳐	쳐	초	쵸	추	츄	츠	치
카	캬	커	켜	코	쿄	쿠	큐	크	키
타	탸	터	텨	토	툐	투	튜	트	티
파	퍄	퍼	펴	포	표	푸	퓨	프	피
하	햐	허	혀	호	효	후	휴	흐	히

③ 발성

발성은 소리의 울림으로서 발성을 통해 상대방에게 더 또렷하고 신뢰감 있는 목소리로 들릴 수 있다. 상대방과 대화 시 거리에 따라 소리의 크기를 적절하게 조절해야 한다.

- 정면으로 똑바로 서서 가슴과 허리를 편다.
- 몸과 어깨에 긴장을 풀고 발 앞쪽으로 무게 중심을 둔다.
- 숨을 크고 깊게 들이마시고 내뱉으면서 소리를 내어본다.
- 목소리의 볼륨을 점차적으로 크게 내었다가 다시 작게 내어 본다.
- 목소리에 힘이 느껴져야 한다.
- 훈련을 반복한다.

단계별 발성 연습

10~100까지 숫자의 크기에 맞춰 단계별로 소리를 점점 크게 내었다가 점점 작게 내어 본다. 처음에는 속삭이는 크기로 시작하고 점차적으로 대화하는 크기, 웅변하는 크기로 발성 훈련을 한다.

④ **대화의 속도와 강조**

말은 상대방이 듣기 편하게 말해야 하며 대화 시 속도는 전달력에 영향을 미친다.

말이 너무 느리면 답답하고 지루하며 집중력이 떨어지고, 말이 너무 빠르면 무슨 말인지 이해하지 못하는 경우가 있다. 그러므로 말의 속도를 적절하게 조절해야 하며 평소 자신의 말하기 속도가 어느 정도인지 파악해야 한다.

대화는 흐름에 맞추어 단어나 문장을 띄어 말해야 상대방이 잘 들을 수 있으며 말에 리듬감을 주어 이야기를 생동감 있게 표현할 수 있다. 이야기를 강조하고자 하는 부분은 한톤 정도 크고 강하게 말하며 반대로 한톤 정도 낮고 작게 말하면 집중도를 높일 수 있다. 또한 중요한 부분을 강조하고 싶을 때는 잠시 멈춤(pause)를 통해 긴장감을 줄 수 있으며 천천히 느리게 말을 하면 다른 부분보다 더 강조될 수 있다.

⑤ **제스처**

말을 시작함과 동시에 제스처는 시작되며 사람들의 시선을 집중시킬 수 있다. 하지만 너무 많은 제스처는 산만해 보일 수 있으므로 적절히 표현해야 한다.

제스처는 즉흥적이며 자연스럽고 자신감 있게 보여야 한다. 따라서 긴장하지 말고 정면으로 바로 서서, 어깨에 힘을 빼고 팔과 몸이 붙지 않게 벌려줘야 한다.

손 제스처는 말을 시작하면서 바로 하는 것으로 손을 배꼽 근처에 모아두었다가 가슴 위로 손을 들어 손끝을 위로 향하게 하고, 팔의 모양은 'ㄴ' 자가 되도록 유지하며 안팎으로 제스처를 한다. 또한 손가락은 벌리면 산만해 보일 수 있으니 조심해야 하며 엄지는 자연스럽게 벌리고 나머지 네 손가락은 붙인다. 발 제스처는 너무 많이 움직이면 산만해보일 수 있다. 초반에는 가급적 움직이지 않는 것이 좋으며 안정감 있게 양쪽으로 두 발을 벌리면 된다. 발의 동선은 직선보다는 사선으로 자연스럽고 자신감 있게 움직인다. 발의 동선은 안정적으로 느낄 수 있게 시작점 - 우측 - 시작점 - 좌측 - 시작점 순으로 한걸음이나 두 걸음 정도로 움직이면 된다.

2) 호감을 주는 대화법

① 상대방의 말에 경청하라.

사람과의 관계에서 나의 마음을 표현하는 것보다 상대방의 말을 경청해 주어야 한다. 다른 사람의 말을 경청하면 상대방은 자신을 존중하고 배려한다는 의미를 갖게 된다. 또한 경청을 한 후 자신의 생각과 의견을 보이는 것이 좋은 커뮤니케이션이 될 수 있다.

② 말할 때는 온 몸으로 표현하라.

말하기와 듣기는 모두 직접 마주하고 주고받는 것이다. 때문에 얼굴 표정, 몸짓 등으로 표현해야 상대방에게 강한 인상을 줄 수 있다. 대화를 할 때 분위기가 침체되어 있으면 억지로라도 명랑하게 행동하고 웃는 표정을 짓게 되면 분위기가 한결 좋아진다. 또한 공감대를 형성시키는 것이 좋다. 맞장구는 대화에 활력을 준다

③ 목소리 톤에 변화를 주어라.

상황에 맞게 언어와 톤으로 말해야 한다. 그러므로 목소리의 크기는 적당하게 하고 목소리에 억양이 있도록 명확한 발음으로 말을 해야 한다. 또한 급하게 말하면 자신의 생각과 다른 의미로 상대방에게 전달된다. 따라서 말을 천천히 상대방에게 전달해야 한다.

④ 입버릇이 된 말을 조심하라.

말을 할 때나 남의 말에 맞장구를 칠 때에 자기도 모르게 자꾸 입버릇처럼 튀어나오는 말이 있다. 대화의 내용과 관계가 없는 이것 참, 일단은, 어차피, 인제 등은 도움이 되지 않은 말버릇이다. 또한 감정을 조절해야 하며 긍정의 언어는 상대방에게 긍정적이고 적극적인 사고를 가진 사람이라는 이미지를 줄 수 있다.

⑤ 수평적인 대화가 가능해야 한다.

말하기와 듣기의 주고 받음이 잘 이루어지려면 대화하는 사람들 사이의 수평적인 관계가 전제되어야 한다. 명령 대신 협력화법을 구사해야 한다. 또한 함부로 막말을 해서는 안 되며 말하기 전에 신중히 생각하고 말하는 습관을 가져야 한다.

⑥ 상대방을 이해시켜라.

말을 할 때는 상대방이 이해할 수 있도록 상대의 눈높이에 맞게 공감대를 형성해야 한다. 따라서 상대방에게 메시지를 적극적으로 전달하려는 노력이 필요하며 자신의 말을 듣고 있는지 확인해 가면서 말을 해야 한다.

⑦ 능숙하게 거절하라.

남의 부탁을 거절하는 건 결코 쉬운 일이 아니다. 거절할 때는 먼저 사과의 말부터 하며 응할 수 없는 이유를 명확히 밝혀야 한다. 상대방에게 이유를 설명할 때는 상처 주지 않도록 주의하고 상대방이 기분나쁘지 않게 거절해야 한다.

⑧ 칭찬할 타이밍을 노려라.

칭찬도 전략적으로 해야 한다. 따라서 칭찬하기 위해서는 상대방의 좋은 점을 찾아야 한다. 상대방의 장점을 찾아내려면 자신을 기준으로 삼지 않고 좋은 면을 봐야 한다. 칭찬은 있는 사실만을 이야기 해야 하며 누구나 다 하는 칭찬은 하지 말아야 한다. 또한 윗사람에게는 공손하고 정중하게 아랫사람에게는 많이 칭찬할수록 좋다.

⑨ 주의를 줄 때는 짧게 한다.

사람은 누구나 결점이 있고 실수도 하면서 배우고 성장한다. 잘못을 꾸짖거나 주의를 줄 때는 저항을 부드럽게 풀어 주어야 하며, 꾸지람을 받아들일 수 있는 분위기를 조성하고 밝은 말투로 감정없이 간단 명료하게 말해야 한다. 따라서 상대방이 즉각적인 반발심이 생기지 않도록 직접 화법은 피하고 간접 화법을 구사하는 것이 좋다.

⑩ 대화의 윤활유는 유머이다.

먼저 상대를 웃게 해야 한다. 유머는 자연히 생기는 것인 동시에 만들어 내며 명랑한 분위기를 만들고 대화도 즐겁게 한다. 하지만 지나친 웃음은 대인관계를 망칠 수도 있으니 장소와 상황에 따라 웃음은 적당히 조절되어야 한다. 웃을 땐 적당한 크기와 양으로 다른 사람들과 조화롭게 맞추는 것이 좋다.

CS &
ImageM

7

취업 면접 이미지

Making

최근 많은 기업들의 채용은 서류나 필기 전형보다는 면접의 비중이 크게 차지하고 있는 추세이다. 면접은 사회에 첫 발을 내딛거나 혹은 이직을 위해서 반드시 거쳐야 하는 과정 중의 하나이며, 취업에 있어 매우 중요한 요소로써 당락을 결정한다.

취업을 준비할 때에는 일하고 싶은 회사, 큰 회사, 향후 발전 가능성이 있는 회사, 경력에 도움이 되는 회사를 찾아 열정과 간절함을 가지고 면접을 준비하고 임해야 한다.

취업 면접은 기업체와 지원자가 취업을 결정하는 상호 정보교환의 과정으로서 지원자의 언어적, 비언어적 행동을 통해 이루어진다.

스펙은 회사에서 기본적으로 요구하는 것으로 서류전형을 위한 준비이며 면접은 실전이다. 면접을 통해 이력서나 자기소개서 등 서류전형으로 알 수 없는 지원자의 경력과 역량을 확인하고 외모평가를 포함한 인간성, 직업관, 직무능력 등을 파악하여 기업이 요구하는 적합한 인재를 선발하는 것이다. 따라서 근무하고자 하는 기업에 맞는 이미지를 분석해야 한다.

면접에서는 무엇보다 첫인상, 즉 이미지가 특히 중요하다. 또한 면접에서 가장 중요한 것은 면접관에게 자신의 능력과 신뢰감을 줄 수 있는 자신감 있는 당당한 모습을 나타내는 것이다.

면접은 지원자가 입장하면서부터 시작된다. 지원자가 면접장에 들어오는 태도, 인사하는 법, 바른 자세, 말하는 법 등 퇴실할 때까지 면접관은 아주 세세한 부분에서부터 점수를 매기게 된다. 따라서 지원자의 불안정한 모습보다는 침착하고 안정적인 모습과 태도, 살짝 미소 띤 자연스런 표정, 적절한 스피치, 단정한 옷차림 등 긍정적인 이미지를 연출해야 한다.

이력서의 증명사진은 지원하는 회사의 특성과 분위기에 맞춰 호감을 줄 수 있는 이미지로 연출해야 한다. 직업에 어울리는 헤어스타일과 메이크업, 복장, 미소 띤 표정과 눈빛으로 준비된 인재로 보일 수 있도록 이미지메이킹을 하여 사진 촬영을 하여야 한다. 또한 과한 보정으로 면접장의 모습과 너무 다른 이미지가 되지 않도록 주의한다.

1. 면접 대비 이미지 전략

최종 면접은 면접관에게 짧은 시간 동안 자신을 전달할 수 있는 기회가 된다.

그러므로 첫 이미지에 자신만의 차별화 전략을 위한 이미지메이킹이 중요한 부분을 차지한다. 또한 연습과정을 동영상으로 녹화하여 자신의 모습을 개선해 나아가야 한다. 환하게 웃는 밝은 표정과 당당하고 자신감 넘치는 바른 자세는 면접관에게 호감과 좋은 인상을 줄 수 있는 방법임을 잊지 말자.

1) 표정과 시선

- 너무 긴장하거나 당황하지 말고 부드러운 표정과 자신감이 드러나도록 표현한다.
- 밝은 미소와 또렷한 눈빛을 갖는다.
- 진취적이며 적극적인 면을 보이되 건방지게 보여서는 안 된다.
- 면접 시 겸손한 자세로 예의바르게 임한다.
- 면접관과의 아이컨택은 자신감과 신뢰감을 줄 수 있으므로 열정적인 눈빛을 표현해내야 한다.
- 시선은 부드러운 시선으로 면접관의 눈을 직접 바라보거나 미간을 보는 것이 좋다.
- 눈을 지나치게 깜박거리지 않도록 한다.
- 면접관이 여럿일 경우 질문을 던진 사람의 눈이나 이마, 미간 쪽을 쳐다보고 답변한다.
- 질문한 면접관의 답변이 길어질 경우 다른 면접관에게도 아이컨택을 하는 것이 좋다.
- 측면에 있는 면접관일 경우 얼굴을 돌려서 면접관의 정면을 바라보고 답변한다.
- 다른 지원자가 답변할 때 시선이나 자세가 흐트러지지 않게 주의해야 한다.

2) 자세

- 걸을 때의 자세는 보폭을 조절하고, 구두 소리를 내거나 신발을 끌면서 걷지 말아야 한다.

서서하는 면접의 경우	- 머리는 너무 숙이거나 턱을 들지 않고 머리, 등, 허리가 모두 일직선이 되도록 바르게 선다. - 시선은 정면을 보되 면접관의 눈을 보고 이야기한다. - 여성 지원자의 경우 오른손이 왼손 위로 가게 하여 공수하고, 남성 지원자의 경우 왼손이 위로 향하게 한다. - 발은 뒤꿈치를 붙여 V자 모양이 되도록 모은다.
의자에 앉는 면접의 경우	- 면접관이 앉으라고 하면 의자의 왼쪽으로 들어가 깊숙이 앉는다. - 등을 의자 등받이에 대지 않고 허리를 펴서 일직선이 되도록 한다. - 여성 지원자의 경우 양 손은 허벅지 뒤쪽에 놓고 스커트를 쓸어 내린 후 다리와 무릎은 붙이고 11자로 세워서 앉는다. - 남성 지원자의 경우 다리의 폭을 어깨 너비 정도로 앉는다. - 여성의 경우 공수하여 두 손을 무릎 위에 놓고, 남성의 경우 양손을 계란을 살짝 쥔 것처럼 주먹을 쥐어 양 무릎에 놓는다. - 시선은 정면을 보되 면접관의 눈을 보고 이야기한다.

3) 스피치

목소리는 그 사람의 이미지를 결정하는 데 큰 영향을 끼친다.

면접 스피치는 면접관이 듣고 싶어 하는 내용에 대해서 말을 하는 것이다. 면접관에게 호감을 주고 좋은 이미지를 각인시키기 위해 명확한 발음과 표현으로 자신의 의견을 소신있게 말할 수 있어야 한다.

- 답변 시 너무 큰 소리로 말하지 말고 성의 있는 응답 자세를 보여야 한다.
- 목소리를 크고 자신감 있게 말하며 발음은 정확하게 하여야 한다.
- 스피치 시 말이 빨라지지 않도록 적절한 속도를 유지한다.
- 면접관의 질문에 단답형보다는 구체적이고 논리적으로 이야기해야 한다.
- 화법은 서론, 본론, 결론으로 이야기를 구성해야 한다.
- 간결하게 말하되 결론부터 이야기하여 자신의 의사가 명확히 전달되도록 한다.
- '~요'로 끝나는 말이 아닌 '~습니다.' 등의 완전한 경어를 사용하며 '했습니다.', '생각합니다.' 등으로 끝말 처리를 명확하게 한다.
- 외래어나 어려운 말로 대답하지 말고 풍부한 화술을 쓰되 진실 되게 대답한다.
- 질문사항에 대한 답변 시 긍정적인 언어표현을 쓰며 과장이나 거짓은 말하지 않는다.
- 질문에 답을 할 때는 질문이 끝나자마자 바로 답하지 말고 2~3초 정도 생각을 다듬은 후 대답하고, 면접관이 말할 때는 성의껏 끝까지 듣는 모습을 보이면 신중하다는 인상을 줄 수 있다.
- 적당한 유머나 재치 있는 답변은 좋은 이미지를 줄 수 있으나 정도가 지나쳐서 면접관의 심기가 불편해지지 않게 한다.
- 면접관이 여러명일 경우 질문이 많아도 당황하지 말고 침착하게 말한다.
- 면접관의 질문에 대해 잘 듣지 못할 경우 정중하게 다시 한번 질문해 줄 것을 요청해야 한다.
- 예상 질문에 대한 차별화되고 성실한 답변으로 면접관에게 각인시켜야 한다.
- 준비한 질문이 나오지 않더라도 당황스러워하지 말고 최선을 다해 답변을 하는 자세를 보여야 한다.

4) 제스처

말의 내용만큼이나 말을 할 때 상대방의 주목을 끄는 것이 바로 눈빛, 손짓 등의 보디랭귀지라 할 수 있다. 필요하다면 손으로 제스처를 취하는 것이 적극적인 태도로 보이는 데 도움이 되기도 한다. 제스처를 효과적으로 사용하면 의미를 명확히 할 수 있을 뿐만 아니라 내용을 전달함에 있어 대화가 활기차며 상대방이 나에게 더욱 깊은 관심을 보일 수 있도록 한다. 제스처는 자연스럽게 서서 몸에 힘을 빼고 말에 따라서 자연스럽게 팔 전체를 움직인다. 이야기하지 않는 동안에는 여성의 경우 손을 포개어 무릎 위에 살짝 두는 것이 좋고, 남성의 경우는 살짝 주먹을 쥐어 허벅지 위에 두도록 한다. 또한 몸의 움직임을 어떻게 하느냐에 따라 보다 진지하고 자신감 있게 보일 수 있다.

답변 시 옷매무새를 자주 고치거나 손가락이나 다리를 움직이는 등 불필요한 행동으로 어수선해 보이지 말아야 한다.

*** 주의해야 하는 제스처**

- 머리를 긁적거리거나 한숨 쉬기
- 얼굴(눈, 코, 귀, 입술) 만지기
- 입을 가리거나 손톱파기, 손 비비기
- 목을 긁거나 옷의 목둘레 잡아당기기
- 의복이나 악세사리 만지기
- 다리 흔들기

5) 메이크업

면접 메이크업은 면접관에게 신뢰감을 주는 인상으로 호감을 주어야 한다. 면접관에게 신뢰감과 호감을 주기 위해서는 밝고 건강하며 부드럽고 자연스럽게 메이크업을 연출하는 것이 효과적이다. 특히 눈썹 화장이 중요하며, 잘 정리된 눈썹과 입매를 선명하게 보이는 것이 인상을 또렷하게 만들어 준다.

너무 진한 화장이나 어두운 느낌의 색조화장은 호감을 주기보다는 안 좋은 이미지를 줄 수 있으므로 피하는 것이 좋다. 따라서 평소 올바른 메이크업 기술을 익힐 수 있도록 노력과 시간을 투자해야 한다. 또한 면접 시 최대한 깔끔하고 단정한 이미지를 연출하기 위해 평소 피부관리에 신경써서 좋은 혈색을 만들도록 한다.

① 여성 지원자의 메이크업

- 베이스 메이크업을 통해 촉촉한 피부 상태로 만들어야 한다.
- 자신의 피부색보다 한 톤 밝은 파운데이션을 사용하여 피부톤을 정리해준다.
- T존과 눈 밑은 하이라이터를 넣어 밝게 표현하고, 머리카락 경계선과 턱선은 셰이딩으로 음영을 주어 또렷한 인상을 연출할 수 있다.
- 잡티는 컨실러를 사용하여 커버하고, 소량의 파우더로 피부에 밀착하여 마무리한다.
- 눈썹은 눈동자색이나 모발색상에 맞춰 자연스럽게 그려준다.
- 아이섀도는 본인에게 맞는 퍼스널 컬러로 화려하지 않고 은은한 느낌으로 연출한다.
- 속눈썹과 아이라인은 너무 진하지 않게 하며 눈매가 또렷하고 깊이감이 있게 보이도록 한다.
- 블러셔는 광대뼈를 중심으로 은은하게 발라 피부의 혈색을 살려준다.

- 립스틱 색상은 무난한 색상으로서 핑크, 오렌지, 핑크 베이지 계열로 얼굴이 화사하고 밝아 보일 수 있도록 연출한다. 진한 색이나 너무 어두운 색은 하지 않도록 한다.
- 소량의 립글로스는 생기 있어 보이며, 입술라인 끝부분이 살짝 위로 향하게 입술을 바르면 밝은 인상을 줄 수 있다.

직업별 메이크업 연출

- 개성이 강한 전문직 메이크업: 눈 화장보다 입술을 강조해 트렌디한 이미지를 표현한다.
- 일반적인 사무직이나 비서직: 눈과 입술화장 모두 부드럽게 표현해 정숙하고 세련된 느낌을 주도록 한다.
- 항공사 승무원 메이크업: 단아하고 세련된 이미지를 표현해야 한다. 유니폼을 고려하며 핑크 톤이나 코랄 톤으로 연출한다.

② 남성 지원자의 메이크업

- 면도는 깔끔하게 하며 코털이나 잔털을 정리한다.
- 얼굴은 피부 보습에 신경써서 건조하거나 각질이 일어나지 않도록 주의한다.
- 피부 톤에 맞는 BB(잡티커버)크림이나 컨실러를 사용하여 잡티를 커버한다.
- 눈썹은 눈썹 결을 살려 눈썹 사이 사이 빈 곳을 채우고, 눈썹 산을 약간 각진 형태를 만들어 강인한 인상을 준다.
- 광택 없는 립 밤으로 입술 보습에 신경 쓴다.

6) 헤어스타일

헤어스타일에 따라 이미지는 다르게 지각될 수 있다. 자신의 얼굴형에 맞게 단점을 보완한 헤어스타일을 연출할 수 있어야 한다. 헤어스타일은 인상과 얼굴 생김새의 평가 시 이미지 지각에 영향을 미치므로 면접에서 항상 단정한 헤어스타일로 튀지 않으면서 깔끔함과 성실한 이미지를 주는 것이 중요하다. 특히 남성의 헤어는 자신감, 능력 등을 어필하는 수단이다. 따라서 헤어스타일은 면접 시 회사 이미지와 업종별 특성에 맞게 연출해야 한다.

① 여성의 헤어스타일

- 쇼트 커트형
  - 목선이나 귓불이 살짝 드러나는 길이로서 앞머리는 눈을 가리지 않고 이마를 보이게 한다.
- 단발머리형
  - 길이는 어깨선보다 짧게 유지되어야 하며, 옆머리는 흘러내리지 않아야 한다.
  - 깔끔하고 단정한 생머리가 좋다.

• 긴 머리형

– 머리는 아래 방향으로 하나로 묶도록 한다. 머리카락이 흘러내리지 않도록 단정한 끈이나 핀, 망으로 깔끔하게 고정시켜야 한다.

– 짙은 염색이나 화려한 웨이브는 삼가는 것이 좋다.

헤어컬러는 너무 짙은 색의 검정보다는 자연갈색, 초콜릿색, 브라운색 등 평범한 색상으로 온화한 인상을 줄 수 있다. 염색을 했다면 염색한 부분의 머리카락색이 기존 머리색과 차이나 보이지 않도록 해야 한다.

② 남성의 헤어스타일

• 퍼머, 쇼트 커트, 단발머리는 피한다.

• 자연스러움을 위해 면접 3~7일 전에 미리 다듬어 준다.

• 헤어스타일은 약간 짧고 자연스러운 스타일이 좋으며 가능한 이마와 귀를 드러나게 연출한다.

• 헤어제품을 사용하여 깔끔하고 단정하게 보이도록 연출한다.

• 지나친 유행은 삼가야 하며 헤어제품인 스프레이, 젤, 무스를 지나치게 사용해서는 안 된다.

7) 복장

자신의 이미지를 표현할 수 있는 중요한 변수 중의 하나가 옷차림이다. 기업이 추구하는 이미지에 맞게 의상을 선택해야 한다. 면접관은 회사를 대표할 수 있는 깔끔하고 정돈된 이미지를 가진 사람에게 호감을 갖는다. 복장은 유행을 지나치게 따른다든가 화려한 디자인은 적합하지 않으며 복잡한 장식보다는 심플한 라인으로 된 정장이 세련된 느낌을 준다. 또한 복장에 얼룩과 냄새가 나는지, 단추나 단이 풀렸는지 등을 미리 확인해야 한다. 따라서 지원하는 회사의 특성을 고려하여 자신의 능력과 호감을 주는 이미지를 연출해야 한다.

① **여성 지원자**

- 주로 검은색 재킷과 흰색 블라우스, 스커트를 많이 입는다.
- 정장은 자신의 피부색에 잘 어울리는 색상을 선택하면 된다.
- 정장 색상으로는 차분한 회색이나 베이지색, 검은색 등이 좋다.
- 정장스타일은 복잡한 장식이나 무늬보다 심플한 디자인이 세련되어 보인다.
- 블라우스는 러플이나 리본이 크게 달린 디자인은 피하는 것이 좋으며 흰색, 아이보리 계열이 좋다.
- 스커트는 H라인 스타일이 단정해 보이며, 길이는 무릎 바로 위 정도나 무릎 선이 적당하다.
- 스커트는 과도하게 짧거나 타이트하게 입지 말아야 하며, 노출이 심한 옷차림은 피해야 한다.
- 바지는 스트레이트 라인 스타일을 선택한다.
- 지나치게 크고 화려한 액세서리는 하지 말아야 하고, 귀걸이는 세련되고 단정해 보이도록 크기가 작은 부착형을 선택하는 것이 좋다.
- 짙은 향수냄새가 나지 않도록 주의한다.
- 손톱정리는 너무 짧거나 너무 길지 않는 길이로 깔끔하게 정리한다.
- 핸드백은 정장과 같은 계열의 색상을 선택하고, 중간 사이즈의 토 트백이나 숄더백으로 연출하는 것이 무난하고 감각 있어 보인다.
- 스타킹은 피부색에 맞게 무늬 없는 살색이나 다리라인이 가늘어 보이는 커피색을 신는다.
- 구두는 발가락이 보이거나 뒷 트임 있는 신발과 힐은 피한다.
- 구두 색은 의상 색에 따라 맞추며 5~7cm 정도의 검은색 펌프스가 무난하며 남색이나 진한 베이지색도 괜찮다.
- 여름에도 샌들은 신지 말고 펌프스를 신어야 한다.

  ※ 펌프스(pumps) : 고리나 끈이 없고 뒤축이 낮으며 앞, 뒤가 모두 막힌 구두를 말한다.

② **남성 지원자**

- 정장은 자신의 체형에 맞는 실루엣의 스타일을 선택해야 한다.
- 정장 색상은 어두운 남색, 짙은 회색, 검은색 계열이 좋다.
- 재킷은 어깨가 잘 맞아야 하고, 재킷의 단추는 윗 단추만 잠그고 아래 단추는 열어 둔다.
- 바지 길이는 바지 끝선이 구두의 등이나 뒷굽까지 살짝 내려와야 하며 걸을 때 바지 속 양말이 보이지 않도록 한다.
- 비즈니스 셔츠의 색상은 피부 톤과 재킷의 색상과 어울리는 것을 선택하면 좋다.
- 셔츠는 흰색이 가장 무난하며, 연한 베이지색이나 하늘색 등의 밝은 색상으로 무늬없는 것을 선택한다.
- 셔츠 착용 시 러닝셔츠를 입지 않는 것이 원칙이며, 소매길이는 재킷 밖으로 1 ~ 1.5cm 정도 보이도록 입는다.
- 넥타이는 보통의 경우 그 해당업체의 로고의 색상과 어울리는 타이를 메는 것이 센스있는 코디의 마무리다.
- 넥타이 색상은 대기업의 경우 레드 핑크, 레드 와인 계열이 좋으며 공기업은 파랑이 잘 어울린다.
- 넥타이는 솔리드(민무늬), 스트라이프 등 자신의 피부 톤에 맞추거나 어두운 계열의 컬러를 선택하고 광택이 있거나 무늬가 너무 화려한 것을 피한다.
- 넥타이 길이는 정면으로 서있는 상태에서 벨트의 버클 끝부분에 살짝 닿도록 맨다.
- 양말은 정장색에 맞춰 비슷하거나 어두운 색으로 발목을 가릴 수 있는 것으로 신는다.
- 구두는 정장 색상과 어울리는 디자인이 좋으며 색상은 무난한 검정, 갈색 등 튀지 않는 정장용 구두가 적당하다. 구두는 깨끗하게 닦는다.
- 정장 착용 시 실루엣이 살아날 수 있도록 주머니는 비워두고, 지갑은 불룩하지 않도록 하여 재킷 안주머니에 넣는다.

시계는 여성 지원자와 남성 지원자 모두 착용하는 것이 지적이고 책임감 있는 이미지로 보일 수 있으며, 너무 크거나 화려한 색상이나 디자인은 피하고 단정한 디자인을 선택한다.

안경을 착용하는 지원자는 얼굴형과 피부색, 머리카락색에 맞는 안경테와 색상을 선택한다. 테는 뿔테보다는 반무테를 착용하는 것이 좋으며 무테는 차가워 보일 수 있다.

2. 면접 실전 핵심 전략

1) 면접 전 체크 리스트

- 지원하는 회사에 관한 사보나 홈페이지 등을 통해 기업의 이미지와 기업의 목표, 업무추진 전략 등의 관련 정보와 기업이 원하는 인재상을 파악한 후 면접에 임한다.
- 최근 시사 상식과 사회적인 이슈 등에 관련한 내용을 잘 파악해 둔다.
- 자신의 강점과 약점, 가치관, 지원동기, 비전과 목표 등 자신에 대해 정확히 파악하고 면접에 임해야 한다.
- 제출 서류의 내용을 확인하고 자기소개서 등 예상 질의응답을 철저히 준비한다.
- 정확한 발음과 목소리 크기, 표정과 시선처리, 제스처, 말의 구성 등 스피치를 훈련한다.
- 면접장소와 시간, 교통과 소요시간을 미리 체크해 둔다.
- 신분증, 수험표, 필기도구 등 지참물은 빠짐없이 챙겼는지 확인한다.
- 복장은 전략적으로 해야 하며 직업별로 꼼꼼하게 준비한다.
- 복장과 구두를 깔끔한 상태로 준비해 둔다.
- 물, 손수건 등 과 여성 지원자의 경우 여분의 스타킹을 준비해 놓는다.
- 면접 전 날 충분한 수면을 취한다.
- 면접 당일 아침에 인터넷이나 신문을 통해 뉴스 등 새로운 정보를 파악한다.

2) 면접 시 체크 리스트

- 교통상황이나 만약의 상황을 대비하여 최소 면접시간 30분~1시간 전에 면접 장소에 도착한다.
- 면접 대기실에서 복식호흡, 명상 등 자신만의 방법으로 긴장감을 줄이고 컨디션을 잘 관리하도록 한다.
- 면접 대기실에서 안절부절 못하거나 가만히 앉아 있지 않고 계속 움직이면 불안해보이고 산만한 이미지를 줄 수 있다.
- 대기 시 다리를 꼬거나 삐딱하게 앉지 말고 잠을 자지 않아야 한다.
- 다른 지원자와 필요 이상의 대화는 하지 않도록 한다.
- 큰 소리로 전화통화를 하는 등 주변 지원자에게 피해를 주지 않도록 한다.
- 과도한 옷차림과 액세서리는 하지 않아야 하며 복장을 다시 한번 체크한다.
- 단정한 헤어스타일은 면접관에게 호감을 줄 수 있다.
- 밝은 미소와 또렷한 눈빛으로 좋은 인상을 주도록 한다.
- 차분하고 자신감 있는 태도를 유지한다.

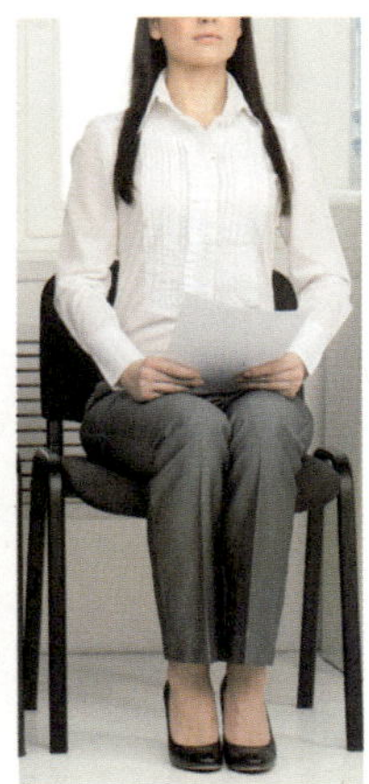

3. 모의 면접 훈련

1) 면접평가요소

면접평가요소를 알아두고 자신의 부족한 부분과 답변 준비, 이미지 연출 등에 대해 준비하여야 한다.

① 외모평가

건강한 혈색과 체형, 면접에 적절한 깔끔한 옷차림, 인사와 바른 자세, 호감주는 인상 등

② 응시서류를 통한 자료적 평가

성장환경, 성격을 통한 사회성과 신뢰성, 직무에 대한 성향과 자세, 직무에 적합한 전공이나 자격여부, 경력 등

③ 질의응답평가

존중과 배려, 인성과 성향, 가치관, 대인관계, 사회성, 직업의식, 업무지식에 대한 전문성, 창의성과 표현력, 판단력, 리더십, 적극성, 업무수행능력 등

2) 면접 질문

- 우리 회사에 지원한 동기는 무엇입니까?
- 자기소개를 간단하게 해 보세요.
- 본인의 장단점은 무엇입니까?
- 지원한 직무의 합격을 위해 무엇을 준비해왔습니까?
- 가장 열정적으로 도전한 경험은 무엇입니까?
- 최근에 읽은 책은 무엇입니까?
- 존경하는 인물은 누구입니까?

- 자신만의 스트레스 해소법은 무엇입니까?
- 취미와 특기가 무엇입니까?
- 주변에 친구가 많은 편입니까?
- 다른 사람들이 본인을 어떻게 이야기 합니까?
- 아르바이트 경험이 있습니까?
- 자신의 직업관에 대해 이야기 해보세요.
- 회사를 선택하는 기준은 무엇입니까?
- 어떤 회사가 좋은 회사라고 생각합니까?
- 우리 회사 말고 다른 회사도 지원했습니까?
- 우리 회사에 대해 아는 대로 이야기 해보세요.
- 우리 회사의 강점과 약점은 무엇입니까?
- 우리 회사의 경쟁사는 어디라고 생각합니까?
- 면접 보러 오면서 우리 회사에 대해 받은 느낌은 무엇입니까?
- 지원한 분야에 자신이 부족하다고 생각하는 것은 무엇입니까?
- 지원한 분야에 발생할 수 있는 상황들을 어떻게 대응하겠습니까?
- 야근에 대해 어떻게 생각하십니까?
- 지원한 분야에서 구체적으로 어떤 업무를 맡고 싶습니까?
- 입사한다면 어떠한 신입사원이 될 것인지 이야기 해보세요.
- 회사 생활에서 중요하다고 생각하는 것은 무엇입니까?
- 어떠한 리더가 되고 싶습니까?
- 회사하고 집의 거리가 먼데 출퇴근이 가능하십니까?
- 우리 회사에서 당신을 꼭 뽑아야 하는 이유는 무엇이라고 생각하십니까?
- 당신이 면접관이라면 어떠한 질문을 하시겠습니까?
- 궁금하신 사항이 있으시면 질문하십시오.
- 마지막으로 하고 싶은 말이 있으면 하십시오.

3) 면접의 유형

① 단독면접

일대일 면접으로 면접관 1명과 지원자가 1명으로 진행되는 유형이다. 면접관이 지원자에게만 집중할 수 있는 면접으로 진솔하고 깊은 질의응답이 가능하나 지원자의 평가에 있어 객관적인 평가보다 주관적인 평가일 확률이 높다. 예상 질문에 대한 답변을 꼼꼼히 준비하고 차별화된 답변으로 성실한 인상을 주어야 한다.

② 개별면접

여러 명의 면접관과 지원자 1명으로 진행되는 유형이다. 객관적인 평가가 될 수 있는 기회가 되며, 짧은 시간에 여러 명의 면접관에게 많은 질문을 받기 때문에 긴장하거나 당황하지 않도록 철저히 준비해야 한다. 질문에 답변할 때에는 질문한 면접관을 바라보면서 또박또박 답변해야 한다.

③ 집단면접

면접관이 여러 명 있고 지원자도 여러 명으로 상황에 따라 다양하게 진행되는 유형이다. 짧은 시간에 많은 지원자 중 일부를 선발하는 능률적인 방식으로 다른 면접 유형보다는 지원자 간의 경쟁심이 크다. 철저히 준비한 지원자에게 유리하며 다른 지원자보다 차별화를 두어 면접관에게 각인될 수 있도록 필살기를 준비해야 한다. 또한 다른 지원자에 비해 용모나 복장, 언행이 너무 튀어서는 안 되며 공동체의 모습을 보여야 한다. 가장 중요한 것은 밝은 미소와 또렷한 눈빛으로 면접관을 각인시켜야 한다.

④ 집단 토론 면접

동일한 주제를 가지고 여러 명의 지원자들이 면접관 앞에서 토론하는 유형이다. 토론의 주제나 시간 등은 기업에 따라 다르며 방식 또한 다양하게 진행된다. 따라서 신문사설이나 사회 전반적인 관심을 가지고 매스컴을 통한 시사문제를 다양한 시각으로 정리해 두어야 한다. 토론에 참여하는 모습을 통해 점수가 매겨지므로 다른 지원자의 의견을 경청하고 배려하며 의견을 논리적으로 말 할 수 있도록 준비하도록 한다.

⑤ **프레젠테이션 면접**

특정 주제에 대하여 면접관들 앞에서 프레젠테이션 하는 유형이다. 프레젠테이션을 통해 지원자의 발표력, 논리성, 설득력, 창의성, 위기대처능력 등을 평가하는 것이다. 평소 발표연습을 해두어 긴장하거나 시간 안에 발표를 마칠 수 있도록 해야 한다. 또한 자신감 있고 당당한 모습과 표정, 제스처, 내용전달, 목소리, 복장 등을 충분히 연습해 두어야 한다.

4) 실전 모의 면접 순서

① **대기**

- 긴장하지 말고 침착하고 예의 바른 태도로 행동한다.
- 면접은 이미 대기실에서부터 시작이라는 것을 잊지 말아야 한다.

② **호명**

- 자신의 이름을 부르면 “네” 라고 정확하게 대답하고 안내에 따라 면접실로 간다.

③ **입실**

- 첫 이미지는 입장하는 순간부터 결정된다.
- 문을 2 ~ 3번 정도 노크하고 들어간다.
- 면접실에 들어서면 미소 띤 얼굴로 면접관을 향해 목례를 한다.
  * 목례: 가볍게 머리로만 눈 인사하는 것을 말한다.
- 걸어 들어갈 때는 팔을 자연스럽게 흔들고 목과 허리는 펴고 고개를 들어 앞을 보면서 보폭을 조절한다. 신발을 끌지 않도록 한다.
- 면접관에게 허리를 45도 정도 굽혀 정중한 인사를 한다.
- 면접관이 앉으라고 말하면 ‘감사합니다’라고 말하며 정해진 자리에 앉는다.
- 의자에 앉을 때에는 의자 끝에 걸터앉지 말고 깊숙이 들여 앉는다.

④ **면접**

- 심리적 긴장을 줄이고 침착하고 여유있는 마음을 가져야 한다.
- 면접 시 인성을 가장 중요시하므로 예의있고 바른 태도로 임해야 한다.
- 면접시간 동안 자연스러운 표정으로 미소 지으며 말해야 한다.
- 짧은 시간 동안 내가 가진 최고의 가치를 보여줘야 한다.
- 자기소개나 입사동기 등의 질문에 차분하고 간결하게 답을 해야 한다.
- 이 회사에 꼭 입사하고 싶다는 열정과 패기를 보이며 입사 의지를 명확히 표현한다.
- 면접 시 다른 지원자를 배려해야 하며 표정과 제스처 등 혼자 너무 튀는 행동은 하지 말아야 한다.
- 면접이 끝날 때까지 긴장을 풀지 말아야 한다.

⑤ **퇴실**

- 퇴실할 때까지 끝까지 자신감 있고 당당한 모습으로 바른 자세를 유지해야 한다.
- 면접을 마친 후 면접이 끝나면 '감사합니다.'라고 정중하게 인사하며 당당한 걸음걸이로 면접장을 나온다.
- 문을 여닫을 때도 두 손으로 하여 정중하고 조심스러움이 드러나도록 한다.

CS & ImageMaking

CS &
ImageM

8

컬러 이미지

1. 색과 이미지
2. 컬러의 배색
3. 퍼스널 컬러

1. 색과 이미지

1) 색의 정의

색(color)은 빛이 물체를 비추었을 때 생겨나는 여러 가지 현상인 반사, 흡수, 투과 등의 과정을 통해 생기는 물리적인 지각 현상이다. 빛이 우리 눈에 들어오면서 대뇌까지 전달되어 여러 가지 색채 감각을 지각하게 되는데 이것은 색이 인간의 내부에서 일어나는 심리적, 생리적, 물리적 현상으로 지각되기 때문이다. 또한 색은 시각적인 메시지나 분위기, 감정 등을 전달하고 시선을 집중시키게 유도한다.

색은 일반적으로 유채색, 무채색, 색상환, 색의 3속성으로 분류된다.

① **유채색**(Chromatic Color)

빨강, 주황, 노랑, 파랑, 보라 등과 같은 색을 말하며 색상의 속성인 색상, 명도, 채도를 갖는 것으로 무채색을 제외한 모든 색이다.

② **무채색**(Achromatic Color)

색상과 채도를 가지지 않고 밝고 어두운 명도의 속성만 갖는 색으로 흰색, 회색, 검은색을 말한다.

③ **색상환**(Circle of Color)

빨강에서부터 보라까지 가시광선의 스펙트럼을 고리 형태로 연결한 것이다. 유사한 색끼리 가까이 배열한 것으로 색을 색상에 따라 계통적으로 둥글게 배열한 것이다. 서로 마주보고 있는 색은 보색관계가 된다.

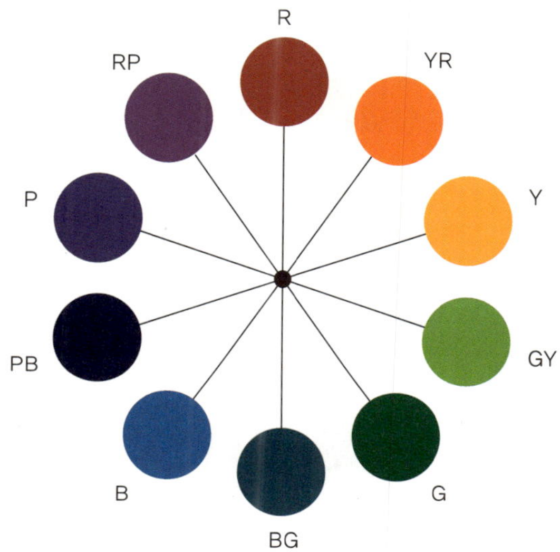

④ 색의 3속성

• 색상(Hue)

빨강, 노랑, 초록, 파랑, 보라 등 색의 외관을 구별하는 속성으로서 물체의 표면으로부터 반사되는 주파장에 의해 색상이 결정된다. 유채색만이 해당된다.

• 명도(Value)

색의 밝고 어두운 정도인 명암을 의미하며 흰색을 10으로 하고 검은색을 0으로 하여 단계를 구분하는데, 그 사이에 명도차를 감각적 척도에 따라 균일하게 나누고 숫자로 표기한다. 흰색에 가까울수록 고명도로 밝은 색이며 검은색에 가까울수록 저명도로 어두운 색이다.

• 채도(Chroma)

색의 강약과 맑고 탁함을 나타내는 것으로 색이 선명하고 흐린 정도를 나타낸다. 무채색을 0으로 하여 색이 점차적으로 선명해지는 정도에 따라서 채도 값이 증가한다. 즉 원색에 무채색을 혼합하면 색의 순도가 달라진다. 채도가 높으면 선명한 색으로 고채도이고, 채도가 낮으면 흐린 색(탁색)으로 저채도이다. 채도에 따라 순색, 청색, 탁색으로 구분한다. 순색은 특정한 색상 계열 중에서 채도가 높은 색이다. 청색은 명청색과 암청색으로서 명청색은 순색에 흰색을 혼합 시 명도는 높고 채도가 낮아지며, 암청색은 순색에 검은색을 혼합 시 명도와 채도가 낮아진다. 탁색은 순색에 회색을 혼합하며 중간 명도, 중간 채도를 가진다.

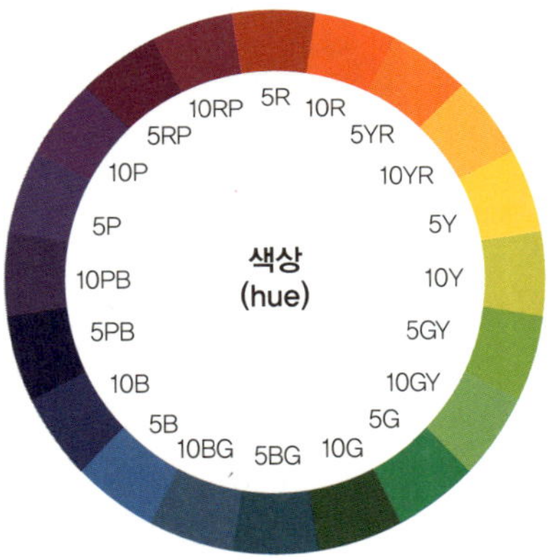

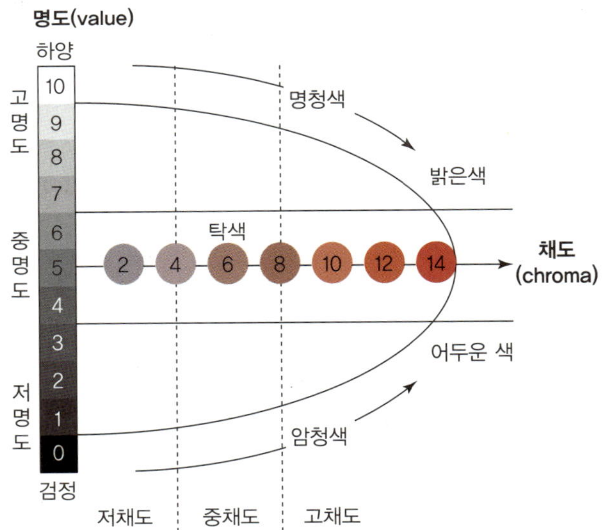

2) PCCS(Practical Color Coordinate System) 표색계

1964년에 일본 색채 연구소가 발표한 일본 색연 배색 체계(Practical Color Coordinate System)이다. PCCS는 색의 3속성(색상, 명도, 채도)을 기본으로 3차원적으로 배열한 구성이지만 색의 표시보다 색의 조화를 주목적으로 개발되었다. 톤의 개념은 명도와 채도를 합한 것으로 명도와 채도를 톤(tone)으로 묶어 색상과 톤으로 표시하고 있으며, 같은 색상이라도 명도와 채도에 따라 다른 느낌을 줄 수 있다. 따라서 톤에 따라 이미지가 달라지고 같은 톤은 색상이 달라도 동일한 이미지를 준다.

① 색조(Tone) 이미지

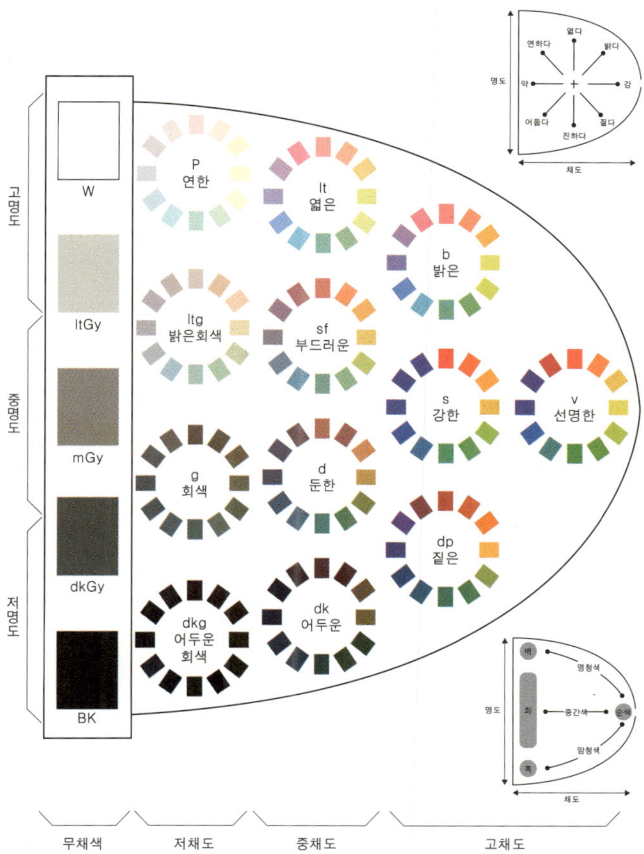

12가지 톤	이미지	이미지 삽입
vivid (비비드/해맑은)	순색으로서 채도가 높고 선명한 색이다. 선명하고 경쾌하며 활동적인 돋보이는 이미지	
bright (브라이트/밝은)	비비드톤에 흰색을 섞은 밝은 톤이다. 밝고 귀여우며 유쾌한 이미지	
light (라이트/연한)	브라이트톤보다 흰색이 더 많이 들어가서 명도는 높고 채도는 낮아지는 가볍고 부드러운 톤이다. 여성스럽고 로맨틱하며 달콤하고 부드러운 이미지	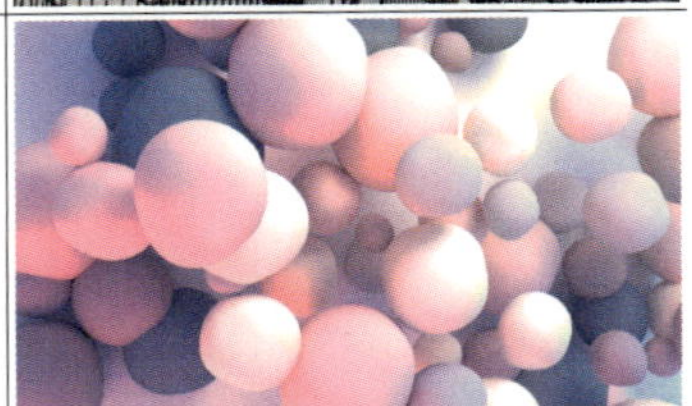
pale (페일/아주연한/엷은)	라이트톤에 흰색을 섞은 부드럽고 가벼운 가장 밝은 톤이다. 맑고 깨끗하고 순수한 이미지	
strong (스트롱/기본색/강한)	비비드톤보다 선명함이 조금 낮으며 탁색조를 띄는 강한 색조이다. 강하고 화려하며 풍부한 이미지	
soft (소프트/부드러운)	원색에 밝은 회색을 섞어 밝고 부드럽지만 약간 탁색이다. 내추럴하고 차분하며 은은한 이미지	

12가지 톤	이미지	이미지 삽입
light grayish (라이트 그레이시/ 연한/밝은 회색 띤)	밝은 회색조로 색감이 최소화되고 차분한 톤이다. 수수하고 온화하며 편안한 이미지	
grayish (그레이시/회색 띤)	덜톤에 회색을 섞은 회색조이다. 차분하고 안정되며 고급스러운 클래식한 이미지	
deep (딥/짙은)	비비드톤에 약간의 검정을 섞은 깊고 진한 톤이다. 깊고 견고하며 전통적인 클래식한 이미지	
dull (덜/칙칙한)	스트롱톤에 회색을 섞은 칙칙한 색조이다. 차분하고 깊이감 있으며 중후하고 고상한 이미지	
dark (다크/어두운)	가장 어둡고 무거운 색조이다. 모던하고 중후하며 점잖은 남성적인 이미지	
dark grayish (다크 그레이시/ 어두운 회색 띤)	다크톤에 어두운 회색을 섞은 거의 검은색에 가까운 톤이다. 소박하고 묵직하며 단단한 남성적인 이미지	

② 컬러 이미지 배색

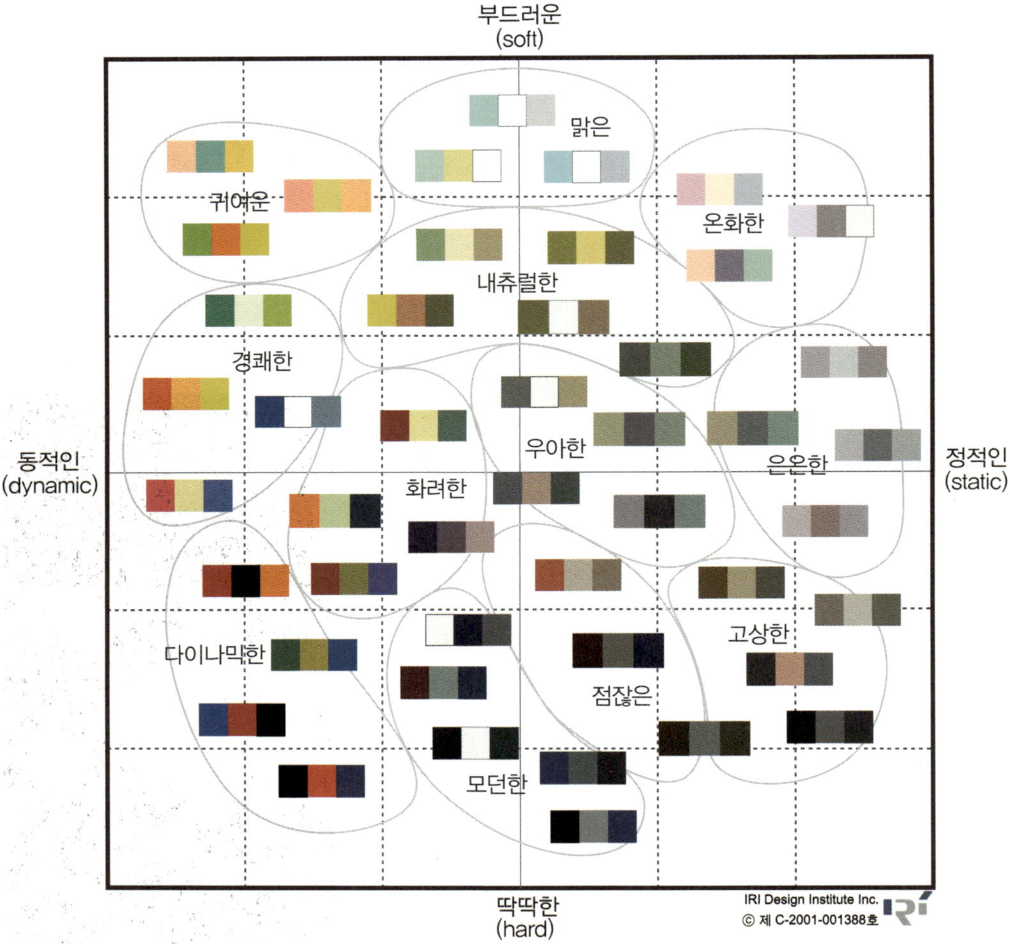

부드러운
(soft)
맑은
귀여운
온화한
내츄럴한
경쾌한
우아한
동적인
(dynamic)
화려한
은은한
정적인
(static)
고상한
다이나믹한
점잖은
모던한
딱딱한
(hard)
IRI Design Institute Inc.
© 제 C-2001-001388호

- 귀여운(Preetty)

귀엽고 사랑스러우며 밝고 명랑한 이미지이다.

색채는 주로 브라이트, 라이트 톤으로 고채도, 고명도의 레드, 오렌지, 옐로, 그린 같은 난색계열이 많이 쓰인다. 파스텔과 밝은 톤의 배색으로 톤보다 색상의 변화가 귀여움을 더 표현할 수 있다. 복장의 실루엣은 튤립 꽃모양의 라인으로 여성적이며 가벼운 느낌의 소재와 리본, 레이스, 프릴, 꽃무늬, 물방울 무늬 등을 사용한다.

- 맑은(Pure)

맑고 투명하면서 순수하고 깨끗한 이미지이다.

색채는 주로 페일톤으로 고명도, 저채도이다. 주요 색상은 그린, 블루이며 라이트 그레이, 퍼플 등으로 맑고 순수하고 여린 느낌을 표현한다. 약한 대비가 되도록 배색하며 보조색으로는 흰색을 사용한다. 복장의 실루엣은 슬림한 플레어 라인으로 가볍고 심플한 소재와 물방울, 작은 꽃무늬 등을 사용한다.

- 로맨틱(Romantic)

여성스럽고 낭만적이며 부드러운 이미지이다.

색채는 주로 라이트톤으로 고명도, 중채도의 핑크, 피치, 퍼플색 등이 많이 쓰인다. 복장의 실루엣은 퍼지지 않고 부드럽고 하늘하늘한 가벼운 느낌의 아몬드형 라인으로 소재는 곡선무늬, 물결무늬, 구름무늬 등을 사용한다.

- 우아한(Elegance)

여성스럽고 우아하고 고상하며 품위있는 이미지이다.

색채는 주로 소프트톤으로 중명도, 중채도의 그레이, 로즈 그레이, 안개블루, 퍼플, 레드 퍼플 등이 많이 쓰인다. 복장의 실루엣은 정적이고 허리에 곡선이 들어간 벌꿀형 라인으로 주름을 드리우거나 느슨한 주름, 무광택에 무늬가 없는 소재를 사용한다.

- 은은한(Chic)

단정하고 심플하며 차분하고 세련된 이미지이다.
색채는 주로 라이트 그레이시, 그레이시톤으로 중명도, 저채도의 은은하고 차분하고 정적인 느낌이 되도록 배색한다. 색상은 주로 블루와 퍼플 계열이 많이 쓰이고 보조색으로 그레이를 사용한다.

- 경쾌한(Casual)

발랄하고 경쾌하며 선명하고 활동적이며 생동감 있는 이미지이다.
색채는 주로 비비드톤으로 고채도의 레드, 옐로, 블루, 흰색 등으로 다색배색이 많이 쓰인다. 반대색조 배색, 톤온톤으로 배색하여 경쾌함과 생동감을 표현한다. 복장의 실루엣은 동적이며 경쾌한 모래시계형 라인으로 기하학, 체크, 스트라이프, 프린트 무늬 등의 소재를 사용한다.

- 내추럴한(Natural)

평온하고 자연적이며 친근하고 포근하며 소박한 이미지이다.
색채는 주로 소프트톤으로 중명도, 중채도의 베이지, 카키, 모카, 올리브색이 많이 쓰인다. 복장의 실루엣은 둥근 달갈형 모양의 라인으로 반짝임과 광택이 없고 크지 않은 간결한 무늬 등의 소재를 사용한다.

- 화려한(Gorgeous)

화려하고 매력적이며 성숙한 이미지이다.
색채는 주로 스트롱, 딥톤으로 저명도, 고채도의 와인레드, 골드 색으로 농후한 느낌의 색을 사용하며 보색인 한색과 난색의 배색으로 한다. 복장의 실루엣은 다이아몬드 컷의 라인으로 무늬 광택이 많고 골드 장식 등이 있는 소재를 사용한다.

- 모던한(Modern)

도시적이고 현대적이며 딱딱하고 무거운 이미지이다.
색채는 주로 다크, 그레이시톤으로 저명도, 중채도의 한색이나 무채색의 실버, 퍼플블루, 블루, 검은색이 많이 쓰인다. 복장의 실루엣은 육각형 라인으로 기하학적 무늬, 대담한 무늬, 스트라이프 등의 소재를 사용한다.

• 다이나믹한(Dynamic)

역동적이고 강렬하며 열정적이고 대담한 이미지이다.

색채는 주로 비비드, 스트롱톤으로 고채도, 저명도의 난색 계열 색상과 무채색의 검은색으로 다색배색이 많이 쓰인다. 복장의 실루엣은 무겁고 동적인 사다리꼴 모양의 라인으로 큰무늬, 기하학적 무늬 등의 소재를 사용한다.

• 온화한(Mild)

따뜻하고 순수하며 차분하고 부드러운 이미지이다.

색채는 주로 페일, 라이트 그레이시톤으로 맑은 색의 탁색으로 베이지, 피치, 크림 옐로, 흰색이 많이 쓰인다. 복장의 실루엣은 목선과 하의가 좁아지는 월계수잎 모양의 라인으로 무지무늬, 물결무늬, 잔잔한 무늬 등의 얇은 소재를 사용한다.

• 고상한(Noble)

품격있고 고상하며 수수하고 차분한 이미지이다.

색채는 주로 소프트, 덜톤으로 저명도, 저채도의 브라운, 베이지, 퍼플, 청록색 계열이 많이 쓰인다. 복장의 실루엣은 고전적인 느낌의 오벌형 라인으로 아라베스크, 무지, 부분 레이스 등의 소재를 사용한다.

• 점잖은(Dandy)

중후하고 세련되며 견고하고 점잖은 남성적인 이미지이다.

색채는 주로 다크톤의 저명도, 저채도로서 그레이, 차콜, 검은색이 많이 쓰인다. 복장의 실루엣은 딱딱하지 않은 멋스러움과 어깨가 넓은 남자다운 라인으로 글랜체크 무늬 등의 튼튼한 소재를 사용한다.

3) 색채의 감정효과와 색채 이미지

색을 볼 때에 개인마다 연상되는 감정은 다르다. 사람들은 색을 선택할 때 그 사람의 욕구나 소망이 내재되어 있으며 색을 보거나 색을 사용하는 것으로 마음의 변화가 생긴다. 이렇듯 색은 사람의 마음을 흥분시키거나 진정시키기도 하며 좋아하거나 선호하는 색상에 따라 성격까지도 짐작할 수 있다. 또한 개인의 기억, 경험, 의견 등이 색에 반영된다. 따라서 색채는 개인의 심리 상태와 기호도에 따라 다양한 감정효과를 지니고 있고 색상을 선택하는 경우 심리적인 요인이 작용한다.

① 색채 지각과 감정효과

- 온도감

  색이 따뜻하거나 차가운 느낌의 지각 차이로 색의 3속성 중 색상의 영향을 크게 받는다.

  – 난색 : 심리적으로 따뜻하게 느껴지는 색으로 파장이 긴 빨강, 주황, 노랑 계열의 색

  – 한색 : 심리적으로 차갑게 느껴지는 색으로 파장이 짧은 파랑, 남색, 청록 계열의 색

  – 중성색 : 심리적으로 때로는 따뜻하게 때로는 차갑게 느껴지거나 크게 온도감이 느껴지지 않은 색으로 연두, 초록, 보라, 자주색을 말한다.

- 흥분과 진정

  심리적으로 사람의 감정을 움직이게 만드는 색으로 기분을 고조시키거나 마음을 평온하게 만드는 색을 말한다.

  색의 3속성 중 색상의 영향을 많이 받는다. 고채도의 난색은 흥분감을 주고, 저채도의 한색은 진정되는 감정효과로 심리적 효과를 나타낸다.

- 팽창과 수축

  실제 면적보다 크고 확산되어 보이거나 작고 위축되어 보이는 색을 말한다.

  차가운 색이 따뜻한 색보다 수축되어 보이는 현상을 보인다. 고명도, 난색계열은 팽창되어 보이고 저명도나 한색, 저채도는 수축되어 보인다.

• 진출과 후퇴

가까이 있는 것처럼 돌출되어 보이거나, 뒤로 후퇴되어 보이거나 멀리 있어 보이는 느낌을 주는 색을 말한다.

진출색은 난색, 고명도, 고채도이며 후퇴색은 한색, 저명도, 저채도가 해당된다.

• 중량감

색의 느낌에서 오는 무게감으로써 각각의 색에 따라 무겁거나 가볍게 느껴지는 현상을 의미한다. 중량감에 가장 큰 영향을 미치는 것은 색의 3속성 중에서 명도의 영향을 받으며 고명도의 색은 가벼워 보이고, 저명도의 색은 무거운 느낌을 준다.

• 경연감

색을 볼 때 시각적으로 딱딱하거나 부드럽게 느껴지는 것을 의미한다. 색의 3속성 중 명도나 채도에 영향을 받는다. 저채도와 진한 톤은 딱딱하고 강하게 보이며, 연한 톤은 부드러운 느낌을 준다.

• 주목성

사람들의 시선을 잘 끄는 힘으로 유목성이라고도 한다. 색의 3속성, 색의 형태, 면적, 연상작용 등에 따라 달라지며 일반적으로 유채색, 난색, 고채도의 색이 주목성이 높다.

• 명시성

물체의 색이 멀리서도 뚜렷하고 잘 보이는지를 나타내는 정도를 말하며 시인성이라고도 한다. 색의 3요소의 차이에 따라 다르게 나타나며, 배경 색과 명도 차이가 가장 민감하게 나타난다. 명시도가 높은 색은 대체적으로 주목성도 높다.

② 색채 이미지

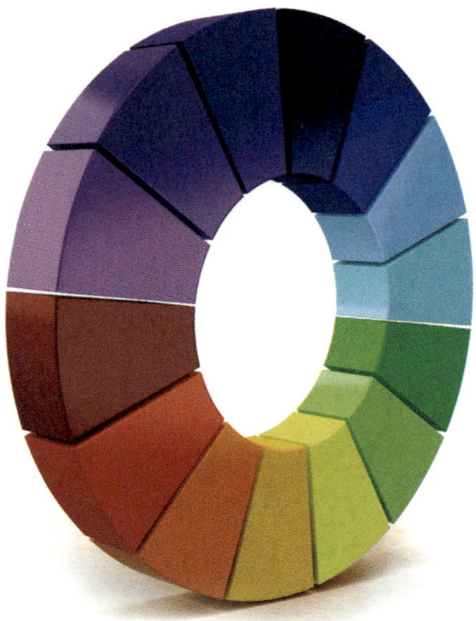

• 빨강(Red)

빨강은 불, 태양, 피, 위험, 기쁨, 강열함, 정열, 용기 등을 연상시킨다.

빨강은 에너지, 따뜻함, 흥분의 속성을 가지고 있으며 남성성을 상징하는 색이다. 또한 분노, 피로 등의 속성을 가지고 있어 공격적이고 반항적으로 보일 수 있다. 빨강은 주목을 끌거나 강조하고 싶을 때, 섹시한 스타일을 연출할 때 사용하면 된다. 빨간색은 적극적이고 활동적이며 외향적인 사람이 좋아하는 경향이 있으며 리더십을 요구받을 때나 커다란 결단에 용기가 나지 않을 때, 기운이 없을 때 힘을 주는 색이다.

• 주황(Orange)

주황은 오렌지, 화려함, 식욕, 쾌활함, 따뜻함을 연상시키고 풍요로움을 상징하는 색이다.

주황은 에너지와 재미가 넘치고 친근하고 따뜻한 속성을 가지고 있으며, 지나치게 많이 사용하면 경솔해 보이거나 유치해 보이며 촌스럽게 보일 우려가 있다. 주황은 자신에게 동기부여를 하고 싶을 때나 사람들의 이목을 모으고 사람들과 친밀감을 느끼게 하는 활동적인 색이다. 매사에 열의를 보여 주는 용기 있는 이미지로서 창조적으로 보이고 싶다면 주황을 사용하면 된다. 주황을 좋아하는 사람은 서비스 정신이 넘치는 사교적이며 따뜻하고 온화한 성향인 사람이 많고, 어떤 것에 대해서 항상 의욕적이고 사람을 즐겁게 하는 것을 좋아하는 타입이다.

• 노랑(Yellow)

노랑은 병아리, 바나나, 환희, 도전, 희망, 명랑, 질투 등을 연상시키는 색이다. 노랑은 감정을 자극하고 신경계에 영향을 미치는 긍정적 속성을 가지고 있으며 불안, 짜증, 우울감을 나타내는 부정적 속성을 나타낸다. 색 중에서도 빛에 가장 가까운 색으로 긍정으로 빛나는 색이라고 말할 수 있다. 또한 스스로 빛을 내는 따뜻한 색으로서 생명력을 상징하는 컬러로 유쾌하고 상쾌함을 뜻하며 캐주얼 스타일을 연출 할 수 있다. 새로움과 흥분, 즐거움과 놀라움은 노랑에서 나오기 때문에 우울함을 예방하고 싶을 때 사용하면 된다. 노랑을 좋아하는 사람은 호기심이 많고 사교적인 사람이 많으며 다른 사람에게 따뜻함과 유머를 주고 우유부단한 면과 실증을 잘내는 면이 있다.

• 초록(Green)

초록은 자연, 삼림욕, 안정, 평화, 안전 희망, 지성 등을 연상시키는 색이다. 초록은 균형과 조화를 나타내는 색으로 평온을 주는 속성을 가지고 있으며 지나치게 많이 사용하면 지루한 느낌을 줄 수 있다. 초록은 뇌의 흥분을 진정시키고 피곤한 눈이나 몸을 쉬게 해주는 효과와 기분을 온화하게 해서 안정적이고 겸손하며 참을성이 많음을 뜻하는 색으로 내추럴 스타일을 표현할 수 있다. 초록을 좋아하는 사람은 협조성과 밸런스 감각에 뛰어난 노력가 타입의 사람이 많고 온화하고 마음이 상냥하며 솔직한 면을 가지고 있다. 또한 조화롭고 안정적인 삶을 선호하며 자연을 사랑하는 정적인 사람이 많으며 강한 소유욕과 고집, 확고한 신념이 강한 추진력의 소유자로서 인내심, 근면함은 초록에서 드러난다.

• 파랑(Bule)

파랑은 하늘, 바다, 명상, 평화, 정직함, 냉정, 차가운, 청결 등을 연상시킨다.

파랑은 사람들이 가장 좋아하는 색으로 사고의 논리성과 명료성의 속성을 가지고 있으며 차갑고 냉담하며 무심한 느낌을 줄 수도 있다.

파랑은 이성적이며 안정감을 주는 색으로서 신뢰감과 판단력이 뛰어남을 나타낸다. 또한 기분을 차분하게 하는 진정 효과가 있으며 흥분한 마음을 냉정하게 만드는 자제의 색으로서 비즈니스 슈트로 많이 사용된다. 그러나 활력적이지 않아 우울할 때는 피하는 것이 좋다. 파랑을 좋아하는 사람은 쿨하고 지성적인 사람이 많고 객관적으로 어떤 일을 냉정하게 판단하는 자제심과 멋진 감성을 겸비하고 있다. 명예를 중요시하는 보수적인 성향이 있기 때문에 모두에게 인정받기를 원한다면 파랑을 사용하면 좋다.

• 보라(Purple)

보라는 여성성, 우아, 신비, 고귀함, 창조, 예술, 불안, 고독, 인내, 권력(힘), 충성, 절대적 지배력 등을 연상시키는 색이다.

예전부터 고귀한 색이라 불려 왔으며 품위를 나타낸다. 보라를 좋아하는 사람은 감수성이 풍부하고 미적 센스가 뛰어난 사람이 많으며, 정열의 빨강과 고독의 파랑으로 만들어진 탓인지 정서불안, 질투나 우울 등 복잡한 심리 상태도 나타낸다. 여성스러움을 표현하고 싶을 때도 보라색은 효과적이며 특히 옅은 보라는 엘레강스하고 우아한 이미지를 만든다. 또한 활동력을 상승시키고 치료 효과가 있는 색으로 자신은 남들과 다르다는 차별성을 줄 수도 있다.

• 분홍(Pink)

분홍은 따뜻한 사랑을 표현하는 속성과 힘없는 느낌과 연약해 보이는 속성을 가지고 있다.

부드러움과 행복, 귀여움의 대명사인 분홍색은 공격적인 감정을 진정시키고 정서를 안정시키는 색이다. 여성스럽고 온화한 느낌이기 때문에 엄격해 보일 수 있는 모습을 완화시켜 주는데 뛰어나고 따뜻함과 섬세함, 여성스러움, 로맨틱한 이미지를 전달한다. 감각적이며 사랑과 연민의 감정을 쉽게 표현하는 사람들이 대부분 선호하며 여성 호르몬의 분비를 높이고 만족스러운 기분을 만들기 때문에 서로 위로하는 관계, 서로 격려해 주는 관계 속에 분홍색을 두면 효과적이다.

• 갈색(Brown)

갈색은 대지, 흙, 나무, 견실함, 편안한 이미지로서 고급스럽고 따뜻하면서 마음을 편안하게 만드는 차분한 색이다. 갈색은 중후하고 클래식한 매력을 주는 색으로 융통성이 부족한 편이지만 인내력을 가지고 성실하게 일을 해내는 성격인 사람이 많이 좋아하는 색이다. 또한 생기 없고 지루하게 보일 수 도 있으며 융통성 없고 고집이 세고 유머와 세련미가 없어 보일 수 있다. 짙은 갈색은 클래식한 고급스러움을 표현하고, 밝고 옅은 갈색은 자연스럽고 온화한 분위기를 만든다. 비즈니스 자리에서 사용하면 차분함과 포용력을 어필할 수 있다. 자연스럽고 편안한 분위기를 연출하고 싶을 때는 베이지색도 좋다.

• 흰색(White)

흰색은 눈, 결백, 순결, 소박, 정직, 추운, 영적인, 시작 등을 연상시키는 색이다.
흰색은 순수하고 고요하며 평화롭고 감정을 안정시키는 속성을 가지고 있으며 고독과 차가움, 무신경으로 보일 수 있다. 흰색은 순결과 정직, 청결한 이미지를 나타내므로 전통적으로 신부를 위한 색으로 선택되어 왔다. 흰색을 좋아하는 사람은 내성적이고 고집이 강하며 완벽주의자 타입이지만 반면에 자기 방어적이다. 단순함과 순수함을 이미지화한 것이 흰색이지만 차가움, 결벽, 가벼움 같은 이미지도 있으니 상황 선택에 주의해야 한다.

• 회색(Gray)

회색은 구름, 평범, 고상, 소극적, 중성, 중립 등을 연상시키는 색으로 수수하고 은은하며 편안함을 준다.
회색은 검은색과 흰색을 섞어서 만들 수 있는 색이기 때문에 그다지 자기주장을 하지 않는 조화의 색으로 중립적이며 위엄 있고 보수적이면서 깔끔한 이미지다.

또한 모든 색을 흡수해도 안도감을 주는 색이기 때문에 스마트한 모습을 유지해야 하는 비즈니스 정장으로 선택되어진다. 회색을 좋아하는 사람은 밸런스 감각이 뛰어난 사람이 많고 누구와도 조화를 잘 맞추어 나간다. 회색은 세련된 악센트 컬러가 아니므로 너무 많이 쓰면 자신의 모습이 사라져 버리고, 지루하고 우울하며 불확실하고 기만적으로 보일 수도 있다. 진한 회색은 힘과 권력의 이미지를 나타낸다.

• 검정(Black)

검정은 밤, 어두움, 죽음, 공포, 엄숙, 멋(세련됨) 등을 연상시키는 색이다.
검정은 권위와 무게를 나타내며 신비로운 분위기를 만들어 내는 속성을 가지고 있으며 위협적이고 무섭고 차가우며 압박감, 불친절함을 보일 수 있다.
검정은 우아하고 고급스러움을 상징하고 엄격하고 진지한 색으로서 예식의 색, 정장의 색이다. 또한 형식, 세련됨, 힘과 연관되어 있으며 결단성을 갖춘 위엄 있는 직업의 색이다. 검은색은 모든 것을 덮어 감춰 버린다는 보호색의 의미도 있지만 한편으로는 강인한 도회적인 분위기도 갖고 있다. 검정은 색상을 갖고 있지 않기 때문에 차분해지고 싶을 때, 천천히 움직이고 싶을 때 몸 가까이에 두면 효과적이다. 검정을 좋아하는 사람은 예술적 재능이 있고 남에게 간섭받는 것을 싫어하는 경향이 있으며 의젓하고 전통을 중시하며 자기 의사가 뚜렷한 주위에 좌우되지 않는 강한 면을 가지고 있다. 반면에 속마음을 잘 드러내지 않는 사람이다. 옷의 구색을 맞추기에 아주 좋은 색으로 모든 색과 어울리고 다른 색에 의해 쉽게 밝아질 수 있다.

2. 컬러의 배색

색상은 어떤 사물의 이미지를 전달할 때 가장 많은 비중을 차지하며 배색을 통해 다양한 이미지를 표현할 수 있다.

배색이란 디자인의 전체 효과를 높이기 위하여 여러 가지 색을 의도적으로 조합시키는 것으로서 색상의 생리적, 심리적 효과를 전달하는 데 하나의 색을 사용하였을 때보다 여러 가지 색을 동시에 사용하였을 때 디자인적 효과는 더욱 상승된다. 따라서 색이 갖는 고유의 이미지와 착용자의 이미지와의 조화를 고려하여 색을 골라야 한다. 색은 옷맵시의 감각을 알 수 있는 가장 중요한 요소로서 체형 커버에도 도움이 되며 색의 조화가 잘된 옷차림은 자기만족뿐 아니라 상대방에게 좋은 이미지를 전달한다.

1) 배색 방법

① 유사의 조화

- 동일색상에 다른 색조(Tone)를 사용하여 만든 배색 : 선택한 색상과 색조에 따라 분위기가 달라지며 통일성과 세련된 느낌을 준다.
- 유사색상에 유사한 색조(Tone)를 사용하여 만든 배색 : 색상환에서 가까운 위치에 있는 색상과 유사한 색조의 배색으로 부드럽고 편안한 느낌을 준다. 톤인톤 배색이 해당된다.

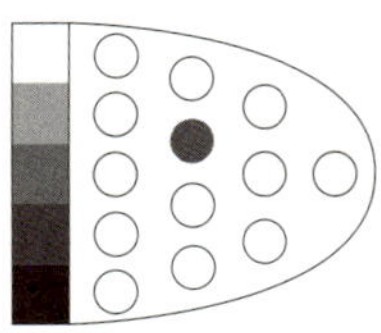

다색상 동일 색조 배색

② **대조의 조화**

화려하고 강렬한 느낌을 주며 이미지를 강조하고 싶을때 악센트 효과를 줄 수 있다

- 동일색상 내에서 반대색조(Tone)의 배색
- 유사색상 내에서 반대색조(Tone)의 배색
- 반대색상의 반대색조(Tone)의 배색

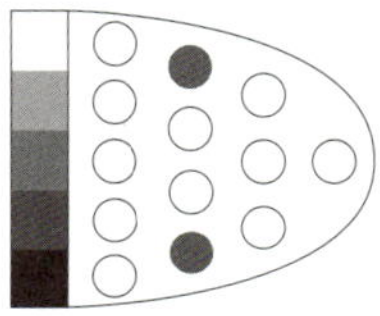

동일 색상 반대 색조 배색

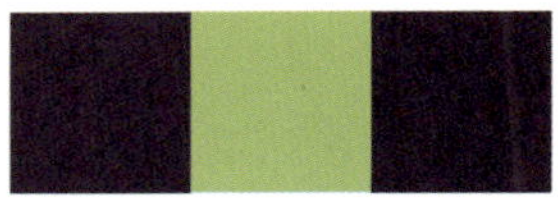

반대 색상 반대 색조 배색

2) 3속성을 기준으로 한 배색

- 동일 색상, 유사색상, 반대색상의 배색
- 고명도, 중명도, 저명도의 배색
- 고채도, 중채도, 저채도의 배색

동일색상	고명도	고채도
유사색상	**중명도**	**중채도**
반대색상	**저명도**	**저채도**

3) 배색 기법

① **톤온톤**(Tone on Tone)

동일색상에서 주로 명도 차이를 비교적 크게 주는 배색으로 '톤을 겹치다' 라는 의미로 통일성과 세련미의 이미지를 준다.

② **톤인톤**(Tone in Tone)

톤의 느낌은 거의 일정하게 유지하면서 색상을 조금씩 다르게 하는 배색으로 온화하고 부드러운 효과를 만들어 낼 수 있다.

③ **분리**(Separation)**배색**

색과 색 사이에 분리색을 삽입하여 배색 관계가 모호하거나 색상과 톤이 비슷할 때, 대비가 강한 경우에 무채색(하양, 회색, 검정)을 사용하여 배색하는 것을 말한다.

④ **강조**(Accent)**배색**

대조적인 색상이나 톤을 사용하여 주조색과 보조색을 조화롭게 하기 위해 사용하고 단조로운 배색을 눈에 띄게 하거나 돋보이게 하는 배색기법이다.

⑤ **반복**(Repetition)**배색**

두 가지 이상의 색을 반복적으로 사용하여 일정한 질서를 주는 배색 기법으로 리듬감이 증가되거나 템포가 느껴진다. 바둑판 무늬, 체크 등에 사용된다.

⑥ **연속**(Gradation)**배색**

색채의 조화로운 배열에 의한 배색기법이다. 색상, 명도, 채도, 톤의 연속적인 변화로 순차적으로 색상이 변하거나 명도가 점점 낮아지는 등 시각적인 리듬감을 준다.

⑦ **토널**(Tonal)**배색**

유사하거나 인접한 색상의 톤 차이만 나는 톤인톤과 같은 배색기법이다. 중명도, 중채도의 탁한 덜(dull)톤을 사용하여 전체적으로 차분하고 안정적이며 점잖은 이미지를 준다.

⑧ **까마이외**(Camaieü)**배색**

동일한 색상이나 명도, 채도 내에서 색상이나 톤의 변화가 거의 없는 애매한 배색기법이다. 거의 같은 색에 가까운 색을 사용하여 한가지 색으로 보일 정도의 미묘한 차이를 나타낸다.

⑨ **포까마이외**(Faux Camaieü)**배색**

까마이외 배색에 색상이나 톤에 약간의 변화만을 준 배색 기법으로 색상이나 톤의 차이가 적어 온화하고 부드러운 느낌을 준다.

⑩ 멀티컬러(Multi Color) 배색

고채도 톤에서 여러 가지 색상을 사용하여 배색하는 것으로 활기차고 적극적인 이미지를 준다.

⑪ 도미넌트(Dominant)배색

색상, 톤의 공통된 요소를 가지고 전체에 통일감을 부여하는 배색기법이다.

⑫ 비콜로(Bicolore)배색

하나의 면에 두 가지 색을 배색하는 것으로 2가지 컬러 팔레트를 만드는 기법이다. 주로 강한 색을 사용하며 상징성이 강하거나 강렬하고 분명한 느낌을 준다.

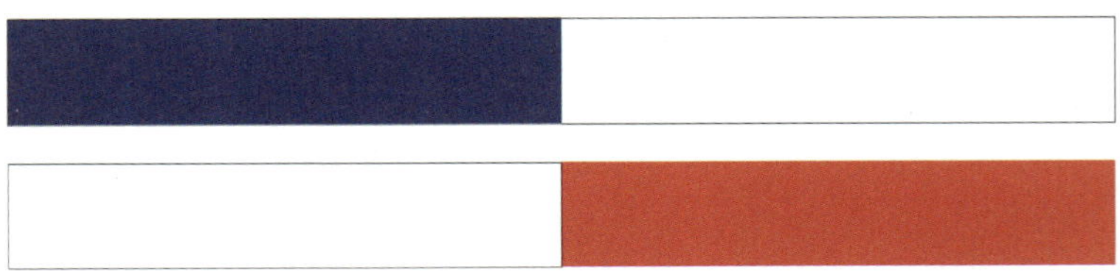

⑬ **트리콜로**(Tricolore)**배색**

국기에서 유래된 배색기법으로 하나의 면에 3색의 색상이나 톤의 조합에 의한 배색기법으로 상징성, 명료성이 강하고 변화, 리듬, 적당한 긴장감을 준다.

⑭ **모노톤**(Mono tone)**배색**

한 가지 색조를 사용한 심플한 배색 기법으로 흰색, 회색, 검은색이 해당되며 딱딱한 분위기와 세련미를 준다.

⑮ **콘트라스트**(Contrast)**배색**

보색 관계의 색상을 사용하여 강한 대비 효과를 주는 배색기법으로 화려하고 자극적인 느낌을 준다.

⑯ **콤플렉스**(Complex)**배색**

본래 순색이 지닌 고유의 밝고 어두운 명암을 반대로 적용한 배색기법으로 '복잡한' 이라는 의미로 불안정한 느낌을 준다.

3. 퍼스널 컬러(Personal Color)

1) 퍼스널 컬러의 개념

퍼스널 컬러란 자기 자신만이 가지고 있는 타고난 고유의 신체 색으로서 피부 색, 눈동자 색, 머리카락 색을 의미한다. 퍼스널 컬러는 신체 색과 조화로운 색의 진단을 통하여 개개인의 색채 이미지를 연출하는 것이다.

누구나 평소에 좋아하는 호감색은 따로 있다. 하지만 좋아하는 색과 어울리는 색이 반드시 일치하지는 않는다. 자신에게 어울리는 색은 따로 있으며, 색을 어떻게 사용하는가에 따라 이미지에 많은 영향을 미친다. 그러므로 컬러는 개인의 이미지를 표현하는 중요한 요소로 작용하며 자신이 가지고 있는 고유의 색을 가지고 메이크업, 헤어, 패션스타일 등에 어울리는 색을 찾으면 얼굴이 생기 있어 보이고 활기차 보인다.

퍼스널 컬러의 유형 구분은 1810년 괴테의 색채론에서 옐로와 블루를 기준으로 색의 온도감의 존재에 대해 처음 언급되었으며, 독일 바우하우스 교수인 요하네스 이텐이 피부, 머리카락, 눈동자 등의 색에 따라 즐겨 사용하는 색이 있다는 것을 발견하였다. 사람들은 무의식 중에 타고난 색과 감정, 사고방식에 따라 색을 선택하고 개인이 선택하는 색에는 주관적인 특성이 있으며 동시에 어울리는 색상이라 하였다. 또한 자연계의 사계절은 모든 색의 원천과 조화가 있으므로 봄, 여름, 가을, 겨울의 사계절 유형으로 분류되며, 사계절의 이미지에서 보여지는 색채를 통하여 자신의 개성있는 이미지를 연출할 수 있다. 1928년 로보트 도어는 〈배색의 조화와 부조화의 원리〉 연구를 통하여 색은 따뜻한 옐로 베이스와 차가운 블루 베이스로 나뉘며 웜톤과 쿨톤의 기본 원리가 된다고 하였다. 타고난 신체를 색상에 따라 분류한 캐롤 잭슨(Carole Jackson)은 1980년에 전문서적인 「Color Me Beautiful」를 출간하고 인간의 이미지를 4가지로 분류하였다. 봄과 가을 유형은 따뜻한 색 팔레트로, 여름과 겨울 유형은 차가운 색 팔레트를 제안하였으며 색상 팔레트를 통해 메이크업과 패션을 제한하여 큰 인기를 얻었다.

평소 자신의 스타일을 체크해보자. 옷을 입을 때 색상 선택 기준이나 현재 직업에 맞는 의상 스타일은 어떤지, 평소에 입는 의상 스타일과 어떤 액세서리를 선호하며 메이크업과 헤어스타일은 어떻게 유지하고 있는지 등을 알아둔다. 이것을 바탕으로 퍼스널 컬러를 통하여 자신의 개성과 장점은 부각시키고 단점은 보완하여 나만의 매력을 만들어 자신을 멋지게 표현할 수 있다. 또한 상대방에게 자신이 원하는 이미지를 효과적으로 전달할 수 있고 호감가는 좋은 이미지로 보여질 수 있다.

① **퍼스널 컬러 분류**

퍼스널 컬러는 옐로 베이스(Yellow Base)인 따뜻한 웜톤(Warm Tone)과 블루 베이스(Blue Base)인 차가운 쿨톤(Cool Tone)으로 나뉘며 옐로 베이스와 블루 베이스의 두 가지 특징을 모두 가지고 있는 중립적인 뉴트럴 베이스(Neutral Base)로 나뉜다.

봄, 여름, 가을, 겨울의 사계절 컬러는 봄, 가을은 웜톤으로 여름, 겨울은 쿨톤으로 분류한다.

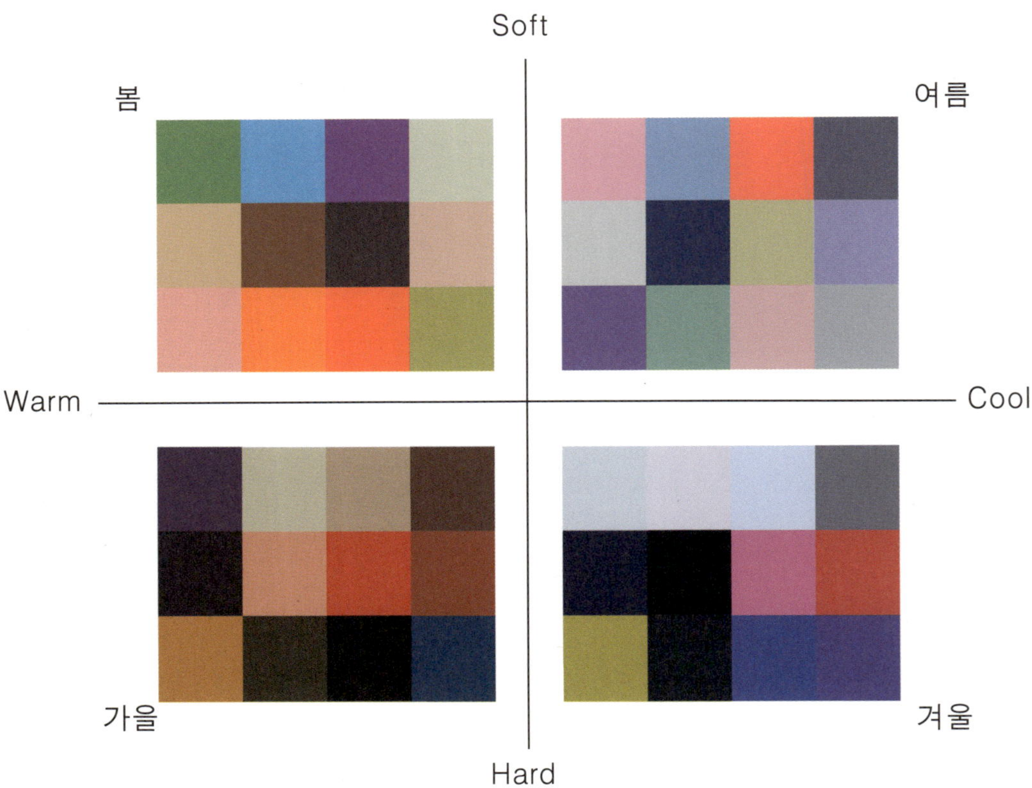

- 봄 컬러
  라이트(Light)와 클리어(Clear)로서 명도가 높고 맑은색으로 파스텔의 밝고 부드럽거나 진하고 선명한 색
- 여름 컬러
  라이트(Light)와 소프트(Soft)/뮤트(Mute)로서 명도가 높고 부드러운 색으로 파스텔의 밝고 부드럽거나 흐리거나 탁한 색
- 가을 컬러
  소프트(Soft)/뮤트(Mute)와 딥(Deep)으로서 명도가 낮고 탁한 색으로 흐리거나 탁하면서 부드럽거나 깊고 진한 색
- 겨울 컬러
  클리어(Clear)와 딥((Deep)으로서 선명하거나 명도가 낮은 색으로 진하고 선명하거나 깊고 진한 색

웜톤(Warm Tone)	쿨톤(Cool Tone)
햇빛에 피부가 잘 타는 편이다.	햇빛에 피부가 잘 타지 않으며 피부가 잘 붉어지지만 다시 하얗게 돌아오는 편이다.
피부색은 아이보리, 피치베이지, 골드브라운 계열로 밝은색, 중간색, 짙은색 피부로 나뉘며 전체적으로 복숭아 빛을 띠며 노란편이다.	피부색은 핑크베이지, 베이지, 로즈브라운 계열로 밝은색, 중간색, 짙은색 피부로 나뉘며 전체적으로 핑크빛을 띠며 붉은편이다.
피치나 오렌지 계열의 립스틱이 잘 어울린다.	핑크 계열의 립스틱이 잘 어울린다.
골드계열의 액세서리가 잘 어울린다.	실버계열의 액세서리가 잘 어울린다.

② **베이스 컬러**(Base Color)

베이스 컬러는 피부색과 얼굴 형태의 변화를 주므로 객관적인 관찰과 분석으로 어울리는 색과 이미지를 찾아야 하며, 자신의 이미지와 색감이 균형되도록 맞춰야 한다. 퍼스널 컬러는 색의 3속성인 색상, 명도, 채도 중에 자신이 가장 큰 영향을 받는 것을 찾는 게 중요하며 웜 타입과 쿨 타입에 따른 색상과 명도, 채도에 맞는 컬러 조화를 선택해야 한다.

- 명도
  - 밝은 색이 어울리면 안색이 밝아지고 기미나 주름이 잘 드러나지 않으며 어울리지 않으면 얼굴이 커보인다.
  - 어두운 색이 어울리면 얼굴이 작아보이고 이목구비가 또렷해 보이며 어울리지 않으면 안색이 어두워 보이고 칙칙해 보인다.
- 채도
  - 선명한 색(청색)이 어울리면 피부가 윤기 있고 얼굴윤곽이 또렷해 보이며 어울리지 않으면 기미나 팔자주름이 두드러져 보이고 피부색이 칙칙해 보인다.
  - 흐린 색(탁색)이 어울리면 기미나 주름이 잘 보이지 않고 부드러운 인상으로 보이며, 어울리지 않으면 인상이 흐릿해 보이고 얼굴윤곽이 늘어져 보인다.

나에게 어울리는 색이 탁하거나 흐린 색이면 밝거나 선명한 색 소품을 매치하면 세련되고 건강해 보이며, 차가운 색이 어울리면 부드러운 소재의 옷으로 선택하여 따뜻해 보이는 이미지를 만들 수 있다.

③ 퍼스널 컬러 진단

- 햇빛이 잘 드는 자연광이거나 비슷한 조명인 주광등에서 진단한다.
- 상반신이 비치는 거울과 의자를 준비한다.
- 정확한 진단을 위하여 피부는 메이크업을 하지 않은 얼굴로 진단한다.
- 색의 영향을 받지 않게 흰색의 머리 두건과 흰색 케이프를 두른다.
- 피부색, 눈동자 색, 머리카락 색의 요소를 체크하여 따뜻한 웜 톤이 어울리는지, 차가운 쿨 톤이 어울리는지 진단한다.
- 진단 천을 이용하여 사계절 컬러 타입을 진단한다. 따뜻한 색감인지, 차가운 색감인지를 보고 부드럽고 밝은 컬러가 어울리는지, 깊고 강한 컬러가 어울리는지 진단한다.
- 해당되는 계절의 톤에 맞는 베스트색과 워스트색을 드레이핑(Draping)하여 분류한다.
- 웜톤과 쿨톤, 사계절 타입에 따른 메이크업 색, 머리카락 색, 의상 색, 액세서리 등을 컨설팅한다.

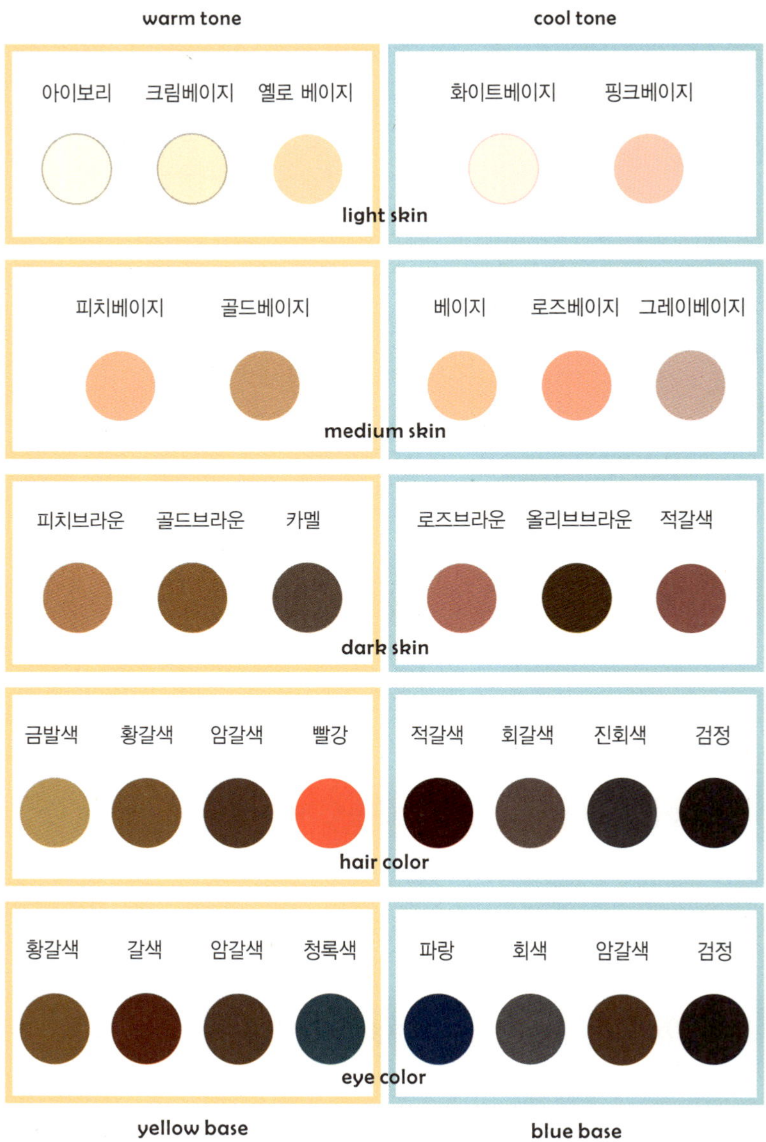
warm tone
cool tone
아이보리
크림베이지
옐로 베이지
화이트베이지
핑크베이지
light skin
피치베이지
골드베이지
베이지
로즈베이지
그레이베이지
medium skin
피치브라운
골드브라운
카멜
로즈브라운
올리브브라운
적갈색
dark skin
금발색
황갈색
암갈색
빨강
적갈색
회갈색
진회색
검정
hair color
황갈색
갈색
암갈색
청록색
파랑
회색
암갈색
검정
eye color
yellow base
blue base

④ 퍼스널 컬러 진단 시 유의사항

- 퍼스널 컬러 진단 시 진단천의 색에 초점을 두지 말아야 하며, 좋아하는 색과 싫어하는 색 등의 취향과 편견을 버리고 객관적인 얼굴의 변화를 느껴야 한다.
- 현재 피부색을 기준으로 드레이핑 과정을 통해 피부색의 변화, 즉 밝고 어두움의 명도와 선명한 색(청색)과 흐린색(탁색)의 채도 변화를 봐야 한다.
- 색이 잘 어울리는 컬러는 얼굴에 생기가 돌고 활기차며 원래의 피부색보다 밝고 투명하게 보이게 된다.
- 어울리지 않은 색은 피부가 칙칙해 보이고 부분적으로 얼굴이 노랗게 보이며, 눈 밑의 다크 서클이 짙게 보이고 얼굴 윤곽이 커 보인다.
- 눈가와 입가의 주름, 눈동자의 느낌이 흐려 보이는지 또렷한지를 비교하여 드레이핑 해야 한다.

2) 사계절 컬러(봄, 여름, 가을, 겨울) 이미지

① 봄

봄의 유형은 귀엽고 발랄하며 생동감 있고 사랑스러운 이미지로서 따뜻한 컬러인 옐로 베이스이다. 파스텔의 밝고 부드럽거나 진하고 선명한 색으로 고명도, 고채도의 톤이다. 대체적으로 피부가 투명하고 얇으며 볼 부분이 연어색이고 머리카락색이 밝은 그룹이 속한다.

• 피부 색

– 아이보리 베이지 : 밝고 노르스름한 피부

– 옐로 베이지 : 노르스름한 피부에 베이지 빛이 감도는 피부

– 피치 베이지 : 노르스름한 피부에 복숭아 빛이 감도는 피부

– 베이지 브라운 : 노르스름한 피부에 약간 갈색 빛이 감도는 피부

• 눈동자 색

옐로 브라운, 다크 옐로 브라운으로 반짝이고 선명하다.

• 머리카락 색

라이트 브라운, 캐러멜 브라운 등 노란빛의 밝은 갈색 계열

• 봄의 대표적인 색

브라이트 골든 옐로, 미디움 옐로 그린, 클리어 살몬, 코랄 핑크, 브라이트 오렌지 레드, 라이트 웜 아쿠아, 클리어 브라이트 아쿠아

– 베이직 컬러 : 아이보리, 웜 베이지, 허니 베이지, 골든 브라운

– 악센트 컬러 : 오렌지, 골든 옐로, 그린, 아쿠아

– 비즈니스 컬러 : 아이보리, 크림, 라이트 베이지, 라이트 카멜, 골든 탠, 골든 브라운, 라이트 웜 그레이, 클리어 네이비

• 패턴 스타일

꽃, 물방울, 체크 무늬 등 귀엽고 작은 패턴

• 메이크업(진하지 않고 맑고 화사한 컬러의 메이크업으로 연출)

– 피부표현 : 오클 계열의 아이보리, 라이트 웜 베이지로 피부색에 맞는 색

– 아이섀도 : 라이트 베이지, 프레시 그린, 피치 핑크 등 밝고 화사한 톤

– 블러셔 : 피치 핑크, 피치 코랄, 오렌지색 등

– 립스틱 : 오렌지, 오렌지 레드, 브라이트 피치, 코랄 핑크 등 립글로스 덧바르기

• 액세서리

작고 귀여운 느낌의 밝은 골드, 아이보리 계열의 진주 등으로 연출

퍼스널 컬러 배색

비즈니스 컬러 배색

② 여름

여름의 유형은 로맨틱하고 여성스러우며 부드럽고 우아한 이미지로서 블루와 화이트를 기본 베이스로 하는 차가운 컬러이다. 파스텔의 밝고 부드럽거나 흐리거나 탁한 색으로 중~고명도, 중~저채도 톤이다.

대체적으로 피부가 얇고 밝으며 볼이 핑크색을 띄며 머리카락색이 부드러운 그룹이 속한다.

- 피부색
  - 내추럴 베이지 : 노르스름한 피부에 흰빛이 감도는 피부
  - 핑크 베이지 : 약간 붉은 피부에 흰빛이 감도는 피부
  - 페일 로즈 베이지 : 살굿빛 갈색 피부에 흰빛이 감도는 피부
  - 로즈 베이지 : 약간 갈색 피부에 흰빛이 감도는 피부
- 눈동자 색
  애시 브라운, 다크 애시 브라운, 라이트 애시 브라운의 부드러운 갈색
- 머리카락 색
  애시 브라운, 로즈 브라운 등의 중간 톤이나 짙은 톤
- 여름의 대표적인 색
  스카이 블루, 미디움 블루 그린, 라이트 레몬 옐로, 로즈 핑크, 라이트 블루 레드
  - 베이직 컬러 : 소프트 화이트, 포그, 블루 그레이, 그레이 네이비
  - 악센트 컬러 : 로즈, 레몬, 미디움 블루, 민트
  - 비즈니스 컬러 : 화이트, 로즈베이지, 코코아, 로즈브라운, 페리윙클, 라이트 블루 그레이, 블루 그레이, 그레이 네이비
- 패턴 스타일
  스트라이프, 레이스 꽃무늬 등 시원한 패턴
- 메이크업(로맨틱하고 투명한 메이크업 연출)
  - 피부표현 : 로즈 베이지 등 핑크 계열로 피부색에 맞는 색
  - 아이섀도 : 파스텔 핑크, 라벤더, 파스텔 블루 등 시원해 보이도록 연출, 아이라이너는 자연스러운 갈색을 사용
  - 블러셔 : 스모키 핑키, 쿨 오키드 등
  - 립스틱 : 핑크, 딥 로즈, 소프트 로즈, 누드 핑크베이지, 핑크 브라운 등 연한 계열
- 액세서리
  작은 크기의 흰색이 섞인 진주, 광택이 없는 실버 등으로 연출

퍼스널 컬러 배색

비즈니스 컬러 배색

③ 가을

가을의 유형은 성숙하고 온화하며 깊이가 느껴지는 클래식한 이미지로서 골드를 베이스로 한 따뜻한 컬러이다. 흐리거나 탁하면서 부드럽거나 깊고 진한 색으로 중~저명도의 중~저채도의 톤이다. 대체적으로 피부가 두껍고 부드러우며 피부색이 진한 그룹이 속한다.

• 피부색
– 베이지 브라운 : 노르스름한 피부에 갈색 빛이 감도는 피부
– 피치 베이지 : 다갈색 피부에 붉은 빛이 감도는 피부
– 골든 베이지 : 갈색 피부에 황색 빛이 감도는 피부
– 골든 브라운 : 검은 갈색 피부에 노르스름한 빛이 감도는 피부

• 눈동자 색
골든 브라운, 다크 브라운, 짙은 황갈색 계열로서 깊이 있고 그윽하다.

• 머리카락 색
다크 쿠퍼, 다크 브라운 등의 오렌지빛과 노란 빛의 어두운 갈색 계열

• 가을의 대표적인 색
머스터드, 살몬, 다크 토마토 레드, 모스 그린, 틸 블루
– 베이직 컬러 : 오이스터 화이트, 다크 카멜, 커피 브라운, 올리브 그린
– 악센트 컬러 : 오렌지, 골드, 라임 그린, 틸 블루
– 비즈니스 컬러 : 오이스터, 카멜, 브론즈, 다크 브라운, 다크 올리브 그린, 에그플랜트, 다크 웜 그레이, 네이비

• 패턴 스타일
페이즐리, 표범, 에스닉 등 추상적인 패턴

• 메이크업(그윽하고 차분한 메이크업으로 연출)
– 피부표현 : 오클 계열로 피부색에 맞는 색
– 아이섀도 : 골드 베이지, 브라운, 다크 브라운, 브론즈, 모스 그린 등 중간 톤과 어두운 톤으로 연출
– 블러셔 : 살몬 핑크, 딥 피치 등
– 립스틱 : 딥 피치, 토마토 레드, 번트 오렌지, 레드 브라운 등 중간색이나 짙은 색

• 액세서리
크기가 크고 화려한 무늬와 반짝임이 적은 무광택 소재로서 골드, 브론즈 계열로 연출

퍼스널 컬러 배색

비즈니스 컬러 배색

④ 겨울

겨울의 유형은 도시적이고 세련된 깔끔한 분위기와 화사하고 강렬한 이미지로서 블루와 블랙을 베이스로 하는 차가운 컬러이다. 진하고 선명하거나 깊고 진한 색으로 강렬한 톤이 주를 이루며 명도가 낮고 채도가 높은 톤이다.

대체적으로 피부가 광택이 나고 색이 진한 그룹이 속한다.

- 피부색
  - 페일 베이지 : 희고 밝은 피부에 푸른 빛이 감도는 피부
  - 뉴트럴 베이지 : 노르스름한 피부에 푸른 빛이 감도는 피부
  - 핑크 베이지 : 약간의 붉은 피부에 푸른 빛이 감도는 피부
  - 로즈 브라운 : 검은 피부에 푸른 빛이 감도는 피부

• 눈동자 색

애시 브라운, 블루 블랙의 검은색이나 짙은 회갈색으로 또렷하다.

• 머리카락 색

블랙, 딥 와인, 다키스트 브라운 등의 검은색이나 회갈색

• 겨울의 대표적인 색

블랙, 로얄 블루, 레몬 옐로, 에메랄드 그린, 마젠타, 블루 레드

– 베이직 컬러 : 스노 화이트, 블랙, 차콜, 네이비

– 악센트 컬러 : 푸시아, 비비드 옐로, 사파이어, 에메랄드

– 비즈니스 컬러 : 퓨어 화이트, 토프 베이지, 다크 토프, 로얄 블루, 미디움 그레이, 다크 그레이, 블랙, 네이비

• 패턴 스타일

기하학적 패턴, 굵은 패턴, 가죽 또는 벨벳 등의 소재

• 메이크업(원 포인트나 스모키 메이크업으로 화려하고 시크하게 연출)

– 피부표현: 핑크 베이지 계열로 피부색에 맞는 색

– 아이섀도 : 실버, 그레이, 퍼플, 와인 등 강한 톤, 아이라인과 마스카라로 선을 강조

– 블러셔 : 모브(연보라 색), 애시 로즈

– 립스틱 : 레드 와인, 마젠타 핑크, 버건디 등 강렬한 색상, 스모키 메이크업 시 누드 핑크색 선택

• 액세서리

화려하고 크기가 크며 광택있는 백금과 실버, 사파이어, 크리스털, 에메랄드, 루비 등으로 연출

퍼스널 컬러 배색

비즈니스 컬러 배색

CS &
ImageM

9

패션 이미지

1. 패션 코디네이션의 개념
2. 체형에 따른 코디네이션
3. 상황(T.P.O)에 따른 코디네이션
4. 패션 소품에 따른 코디네이션

1. 패션 코디네이션의 개념

코디네이션(Coordination)은 통합, 통일, 조화 등의 뜻으로 패션분야에서는 머리 위에서 발끝까지 색, 무늬, 소재, 디자인의 배합에서 소품, 액세서리. 메이크업, 헤어스타일링 등 여러 가지 방법으로 아이템을 조합하여 전체적으로 통일시키며 아름답게 꾸미는 것을 의미한다. 패션 코디네이션은 상대방에게 자신의 이미지를 표현하는 커뮤니케이션의 수단이며 개인의 이미지를 전달할 수 있다. 외모는 개인의 시각적인 요소를 통하여 이미지를 전달할 수 있으며 옷차림은 그 사람의 성격, 취향, 직업 등을 판단할 때 중요한 요소 중 하나이다. 토털 패션 코디네이션을 통해 타인에게 자신의 이미지를 어떻게 보이게 할 것인지 생각하여 무엇을 입고 어떻게 입을지 연출하는 것이 중요하다. 따라서 착용자의 얼굴형, 체형, 연령, 성별, 직업, 취향 등을 고려하여 자신의 이미지를 잘 표현하며, 조화롭고 잘 어울리게 적절한 코디네이션을 연출하여 좋은 이미지를 만들어 낼 수 있다. 또한 T.P.O(T[Time], 시간, P[Place], 장소, O[Occasion], 상황)에 따라 적합한 이미지 창출해야 한다. 패션 코디네이션에서는 디자인의 원리와 요소를 알고 각각의 아이템을 효과적으로 조절하여 심미적 효과와 새로운 이미지를 만들어 낼 수 있다. 패션 아이템은 개별적인 의복을 지칭하는 것으로서 슈트, 재킷, 블라우스, 셔츠, 스커트, 팬츠 등을 말하며 액세서리까지 포함한다.

1) 패션 코디네이션 원리

패션디자인은 시대적 유행, 소비자의 욕구, 디자이너의 스타일 등을 고려하여 결정하며 패션디자인의 원리는 균형, 리듬, 강조, 비례로 트렌드를 반영한다.

균형은 대칭, 비대칭의 조화로 시각적 무게감을 갖는다. 패션 코디네이션에서 외형상 몸의 앞 · 뒤, 상 · 하, 좌 · 우가 대등하게 분배되도록 색상, 소재, 무늬의 균형감을 통해 대칭균형과 비대칭균형으로 표현할 수 있으며 심리적 안정감과 신뢰감. 생동감과 활동적 이미지를 연출할 수 있다. 리듬은 요소들이 단순반복, 교차반복 등 시각적인 디자인을 나타내며 강조는 색의 3속성인 색상, 명도, 채도를 대비시키는 것으로 이 중 하나를 크게 부각시키는 것이다. 또한 비례는 면적의 관계이다. 개인마다 얼굴형과 체형 등 신체적 조건이 다르므로 의복의 색상, 소재, 무늬, 디자인 등과 소품, 액세서리, 메이크업, 헤어스타일링 등을 통하여 아름다운 비례가 되도록 단점을 보완하고 장점은 부각해주어야 한다. 또한 각 요소의 아이템을 감각적으로 조합하여 T.P.O에 적합한 이미지를 연출할 수 있도록 총체적으로 조화롭게 완성해야하며 의복의 구성이나 장식적인 부분에서 색상의 변화, 무늬의 변화, 디테일의 크기 변화 등의 연속적인 반복 변화를 통해 시각적 자극과 심미적 효과를 만들어낼 수 있다.

2) 패션 코디네이션의 요소

패션디자인의 요소는 선, 실루엣, 소재, 재질, 무늬, 디테일, 트리밍, 색채로 구성된다.

선은 의복의 실루엣을 말하며 실루엣은 의복의 전체적인 외형선이나 윤곽선을 의미한다. 선을 이용한 스타일링은 패션 코디네이션에서 외관의 분위기를 나타낼 수 있는 시각적 요소로 작용하며, 선의 종류와 성질에 따라 다양한 스타일링을 연출할 수 있다. 선은 크게 남성적이며 강하고 절제된 느낌을 주는 직선과 여성스럽고 부드러운 느낌을 주는 곡선, 유연하고 역동적으로 보이는 사선으로 나누며 형태, 선의 길이, 크기 및 굵기의 차이를 두어 전체적인 분위기에 영향을 준다. 소재는 심미성, 기능성 등 의복의 용도에 맞도록 활용하는 것으로 사물의 형태를 만드는 기본요소 중 하나이다. 패션 디자인에서 소재는 거칠고 딱딱하거나 부드러운 감각의 조화로 다양한 소재를 사용하여 연출할 수 있고 섬유원료를 통해 색상, 형태, 문양과 더불어 다양한 이미지를 연출할 수 있다.

재질은 면, 마, 견, 모, 레이온, 아세테이트, 나일론 등 섬유의 종류이다. 무늬는 직물 등을 장식할 수 있는 여러 가지 모양을 의미하며 패턴인 문양은 소재 표현법의 하나로서 다양한 형태의 무늬, 문양의 크기, 문양의 배열 등을 통해 시각적인 효과를 나타낼 수 있다.

디테일과 트리밍은 옷을 만들 때 장식을 목적으로 세부장식과 장식을 붙이는 것을 말한다. 특히 패션 디자인에서 색채가 차지하는 비중이 매우 크므로 성별, 연령, 소비자의 선호색, 유행색, 계절색 등을 고려하여 한다.

2. 체형에 따른 코디네이션

체형의 사전적 의미는 해부학상 '개인의 형태적 구성을 결정하는 기본적 성분의 성격'으로서 사람이 똑바로 서 있을 때 신체의 가장 외측의 윤곽(outline)을 뜻한다. 패션 코디네이션에서는 일반적으로 인체의 실루엣에 의해 체형을 분류한다. 실루엣은 복식에서 의복의 전체적인 윤곽선인 의복의 외형선을 의미하며 디테일, 디자인 선 등에 따라 전체적인 외관을 나타내는 시각적 요소로 작용한다. 자신의 이미지를 어떻게 연출할 것인가에 따라 실루엣은 전체적인 이미지에 큰 영향을 주므로 개인의 얼굴형과 체형, 신체 비례 등을 통하여 가장 잘 어울리는 실루엣을 고려하여 코디네이션을 연출하여야 한다. 그러므로 자신의 체형을 잘 파악하여야 한다. 실루엣의 기준은 인체의 허리를 중심으로 허리선의 좌·우의 폭과 상·하의 높이, 전·후의 차이에 따라 분류하며 실루엣의 유형으로는 보통 체형, 모래시계형, 삼각형, 역삼각형, 직사각형, 타원형으로 크게 구분된다.

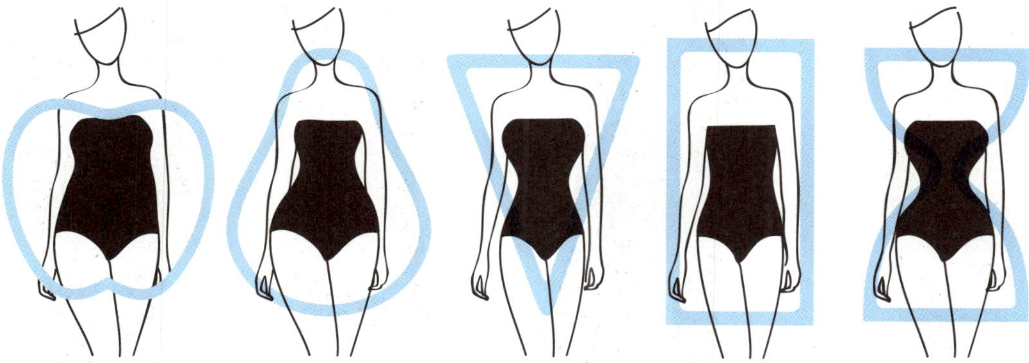

1) 여성의 체형별 코디네이션

① 보통 체형

보통 이상적인 체형의 기준은 과장된 부분 없이 균형감 있는 일반적인 표현으로 8등신이라 한다. 상체와 하체의 균형이 잘 잡혀 보이는 체형으로 모래시계형과 사각형의 중간 체형이다. 코디네이션으로 다양한 인체 실루엣을 연출할 수 있으며 모든 스타일을 소화할 수가 있다. 따라서 자신의 체형을 잘 파악해서 색상이나 액세서리로 포인트를 주면서 개성을 표현한다면 더욱 더 멋지게 연출할 수 있다.

② **모래시계형 체형**(X라인)

가슴과 엉덩이가 풍만하고 허리는 상대적으로 가는 체형이다. 실루엣은 상의와 허리는 꼭 맞고 허리에서부터 아랫단까지 넓어지는 스타일로 몸의 라인인 윤곽선이 가장 잘 드러난다.

모래시계형 체형은 허리선이 구분이 없으면 볼륨이 강조되어 몸이 확대되어 보이므로 허리를 타이트하게 하여 여성미를 표현할 수 있다. 목선은 둥글게 깊이 파이거나 V라인으로 부드럽고 느슨한 주름 등이 잘 어울린다. 가슴부분에는 화려한 장식이나 무늬는 피하며, 박스형이나 헐렁한 스타일의 상의는 피하는 것이 좋다. 벨트는 폭이 넓은 스타일로 연출하며 하의는 단색으로 옷감이 얇은 소재가 좋다. 랩 스타일의 상의와 펜슬 스커트, 허리가 들어간 재킷으로 연출한다.

③ 삼각형 체형(A라인)

어깨는 좁고 엉덩이와 허벅지에 살이 많은 체형이다. 상체는 빈약하고 하체가 큰 체형으로서 실루엣은 상체는 여유가 없고 하체의 끝단으로 퍼지는 스타일이다. 목선이 넓은 옷이 좋으며 상의는 어깨가 넓어 보이는 장식과 가슴 부분에 볼륨과 여유가 있어 어깨가 확대되어 보이는 광택성 소재로서 밝고 무늬가 있는 디자인이 좋다. 상의는 엉덩이를 덮는 길이를 선택하고, 하의는 수축되어 보일 수 있는 어두운 색상과 단색이 좋다. 상체와 하체가 드러나 보이는 재킷은 피하며 투피스와 스카프로 연출하면 좋다. A라인 실루엣의 코트, 원피스, 스커트를 선택하며 너무 타이트한 디자인과 문양, 광택은 피하는 것이 좋다.

④ **역삼각형 체형**(Y라인)

어깨는 넓고 엉덩이는 작고 다리는 가는 체형이다. 실루엣은 양쪽 어깨를 강조하고 엉덩이에서 밑단까지 슬림한 스타일이다. 어깨가 넓어 보이지 않게 어깨 장식이나 폭이 넓은 칼라 등 상체를 강조하는 옷은 피하고 무늬는 단색이 좋다. 상의는 V라인 목선으로 타이트하고 짙은 색으로 입는 것이 좋으며 볼륨감이나 큰 무늬와 광택은 피하는 것이 좋다. 하의는 몸에 달라붙지 않게 넉넉한 옷으로 풍성해 보이는 스커트로서 옅은 색이 좋다.

⑤ **직사각형 체형**(H, I 라인)

어깨와 허리, 엉덩이 넓이가 크게 차이가 없는 체형이다. 가슴은 작고 어깨와 엉덩이는 좁은 스타일로서 몸의 윤곽선은 허리 부위가 딱 맞지 않는 직선의 실루엣이다. 전체적으로 허리 라인이 정확하지 않아 굵어 보이므로 허리선을 강조하면 볼륨이 돋보일 수 있으며, 가로줄무늬나 박스 스타일은 피한다. 상의는 U자, V자 모양의 네크라인의 디자인과 액세서리로 연출하며 하체로 시선이 향하게 풍성하고 볼륨감 있게 연출한다. 프린세스 라인의 원피스나 코트를 선택하면 좋다.

⑥ **타원형 체형**(O라인)

신체 부분이 동그랗게 보이고 복부와 허리, 엉덩이 부분에 살이 많고 팔다리는 가는 체형으로 실루엣은 허리 부위나 전체적인 부피를 크게 부풀린 형태이다. 허리 부분을 커버하면 하체를 날씬하게 보일 수 있다. 상의는 세로로 긴 스타일의 목걸이나 액세서리 등으로 연출하고 시선이 얼굴과 어깨에 머물게 연출한다. 허리를 강조하고 부드러운 옷감, 물방울 무늬나 꽃 무늬로 연출한다. 부피가 많은 옷감과 광택있는 소재, 스트라이프 무늬, 박스 스타일은 피한다.

⑦ 키가 작은 체형

키가 커 보일 수 있는 코디네이션을 우선으로 하며 개성을 살려 자연스럽게 연출하는 것이 좋다. 가벼운 소재의 옷과 절개선은 세로로 된 것을 선택하며, 상의와 하의를 비슷한 색상으로 연출하는 것이 좋다. 지나치게 큰 액세서리, 가방 등은 피하며 패턴은 잔잔한 무늬를 선택한다. 신발의 굽은 중간 높이가 좋다.

⑧ 키가 큰 체형

키가 큰 체형의 경우 몸에 너무 타이트한 스타일과 부피감이 큰 실루엣은 피하는 것이 좋다.

또한 상의와 하의의 색을 각각 다르게 하고, 상의는 조금 여유있고 길이가 긴 옷을 입는다. 두터운 소재와 세로 선을 사용하고, 잔잔한 무늬는 피하며 액세서리는 크고 패턴의 무늬도 큰 것이 좋다.

⑨ 마른 체형

마른 체형은 부피감 있고 조금 넉넉하게 옷을 입으며 가로 무늬의 패턴으로 연출한다.

목선이 넓거나 몸에 꼭 맞는 옷과 장식이 큰 것은 피하고 액세서리는 작은 크기가 좋으며 목선은 높이 올라오게 입는다.

⑩ 큰 체형

체격이 큰 체형은 상의와 하의를 같은 색으로 하되 수축되어 보이는 색으로 연출해야 한다.

절개선은 세로가 좋으며 광택 없는 소재와 심플한 무늬가 좋다. 꼭 붙는 옷이나 반짝이, 두꺼운 소재는 피한다. 너무 큰 장신구와 작은 장신구, 너무 큰 패턴과 너무 작은 패턴은 몸을 더 크게 보이므로 주의해야 한다. 굵은 팔은 소매통이 적당히 여유있고 7부나 손목뼈까지 긴 소매 길이를 선택하고, 하체가 굵은 체형은 허리에서 발끝까지 같은 색상을 선택한다.

옷의 일부분으로서 디테일 부분인 네크라인(neckline)과 칼라(collar)는 얼굴선과 가깝게 있으므로 착용자의 얼굴형, 목의 굵기 등을 고려하여 선택해야 한다.

⑪ 목이 짧은 체형

U자 모양의 네크라인은 목이 길어 보이며, 목선이 보이게 조금 깊게 파이거나 V라인으로 연출한다. 목 주변에 디테일한 장식은 목을 더 짧아 보이게 하므로 피한다.

숄(shawl) 칼라가 잘 어울리며 라운드(round) 네크라인과 스탠딩(standing) 칼라, 피터팬 칼라는 목이 짧아 보이므로 피하는 것이 좋다. 또한 길고 가는 목걸이로 연출하면 목의 길이가 길어 보이는 효과를 보일 수 있다.

⑫ **목이 가늘고 긴 체형**

목선이 높거나 곧게 세우는 만다린 칼라, 둥글게 말린 옷깃 등이 잘 어울린다.

목을 가리거나 목 주위를 풍성하게 연출하는 것이 좋다. 칼라의 깃은 세우고 목걸이나 스카프 등으로 긴 목선을 커버한다.

⑬ **어깨가 넓은 체형**

어깨 장식이 있는 디자인은 피하고 부드러운 디자인을 선택하는 것이 좋다. 목선이 둥글게 깊이 파이거나 V라인으로 연출하여 어깨를 좁아 보이게 한다. 큰 칼라는 어깨를 더 넓어 보이므로 피하고, 옆으로 넓은 보트(boat) 네크라인과 스트랩리스(strapless) 네크라인은 딱딱한 느낌을 줄 수 있으니 피하는 것이 좋다.

⑭ **어깨가 좁은 체형**

어깨가 좁으면 체격이 왜소해 보이고 상대적으로 머리가 커 보일 수 있다.

목선이 옆으로 넓고 앞뒤가 얕게 파이거나, 어깨에 패드나 주름진 패턴으로 연출한다.

큰 칼라나 보트(boat)네크라인, 스트랩리스(strapless)네크라인이 잘 어울리며, 어깨에 볼륨감을 주는 디자인이 좋다. 상의는 꼭 맞게 입지 않도록 루즈한 실루엣을 연출하며 스카프를 어깨선에 가로선을 만들어 준다. 어깨가 처진 체형은 소극적이고 자신감이 결여되므로 상의에 어깨 패드나 탭 장식 등으로 연출한다.

2) 남성의 체형별 코디네이션

남성의 체형은 골격에 따라 마른 체형, 살이 찐 체형, 근육질 체형, 키가 작은 체형, 키가 큰 체형이 대부분으로 외형적 형태를 기준으로 크게 직사각형, 역삼각형, 타원형으로 나눈다.

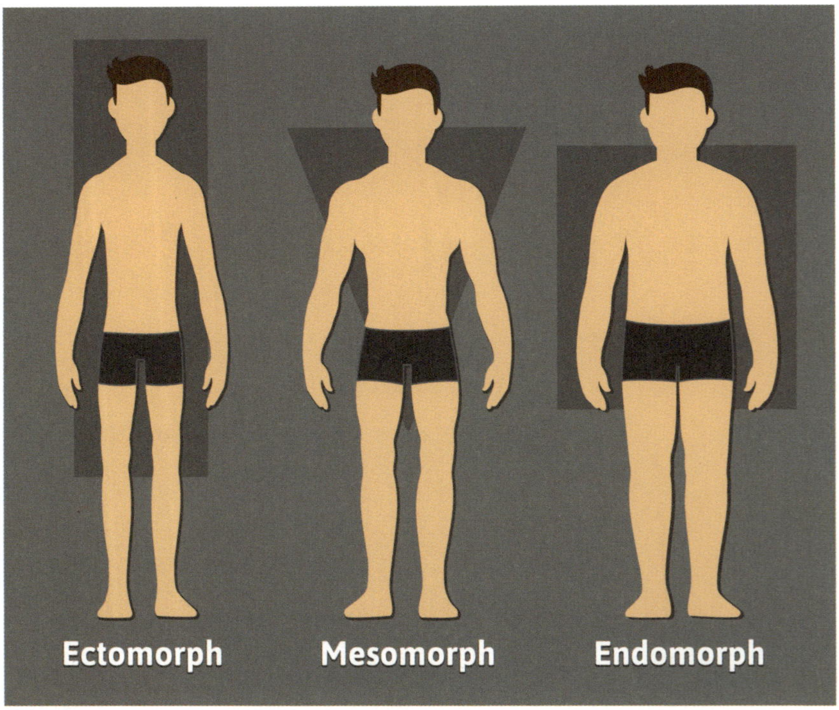

① **직사각형 체형**(H라인)

일반적인 체형으로 어깨가 특별히 넓지 않고 가슴과 허리의 차이가 많이 나지 않은 날씬한 체형이다. 너무 마르거나 키가 작은 체형을 제외하고는 매끈한 직선형으로 세련되고 지적인 인상을 주는 타입으로 다양한 스타일 연출이 가능하다. 의복의 실루엣은 너무 슬림한 것보다는 루즈한 스타일로서 어깨에 커다란 패드로 볼륨을 주고 허리를 가늘게 보이게 연출한다. 마른 체형일 경우 짙은 색보다는 브라운이나 회색 계열의 중간색 계열을 선택하는 것이 좋다. 또한 잔잔한 패턴인 글렌체크나 헤링본을 선택한다. 소재는 너무 얇은 것은 피하고 부피감을 주는 트위드 소재를 사용하면 날카로워 보일 수 있는 이미지를 부드러운 인상으로 보일 수 있다. 키가 크고 마른 체형은 상의와 하의를 다른 색으로 레이어드하면 볼륨감 있고 생기있는 스타일을 연출할 수 있다.

② **역삼각형 체형**(T라인)

남성미와 건강미가 돋보이며 어깨가 가장 넓고 상체가 발달한 이상적인 체형이다.

짙은 색의 상의와 밝은 색의 하의가 좋으며, 어깨가 좁아 보이도록 조끼를 착용하거나 얇은 니트를 선택하여 체격이 커 보이지 않게 한다. 키가 작은 경우는 V존을 좁게 강조하고 넥타이를 사선 스트라이프, 스티치 패턴을 연출함으로써 키가 커 보이는 효과를 줄 수 있다. 또한 안경, 선글라스, 포켓 치프 등으로 얼굴쪽에 시선을 줄 수 있게 한다. 선명한 스트라이프 슈트는 너무 강하고 위압적으로 보일 수 있으니 피하고 일자형 바지는 키를 커 보일 수 있다. 살이 찐 체형은 몸에 너무 타이트한 유러피안 스타일의 슈트는 피하는 것이 좋다.

③ **타원형 체형**(O라인)

어깨는 부드럽게 내려오고 허리와 엉덩이 둘레는 크게 차이가 없는 허리둘레가 두꺼운 체형이다. 목이 짧은 체형이 많으며 전체적으로 둥굴고 통통한 체형으로 자칫 둔해 보이는 인상을 줄 수 있다. 의복의 실루엣은 직선적인 형태로 연출하는 것이 포인트이다. 상의와 하의는 동일한 색상이나 같은 계열로 선택하며, 너무 얇거나 부드럽고 부피가 있는 소재는 피한다. 슈트 착용 시 짙은 색의 남색이나 검은색 등 짙은 색 계열과 어깨가 각져 보이고 V존이 깊은 스타일을 선택해야 한다. 넥타이를 포인트로 사용해서 활력 있는 이미지를 연출할 수 있다.

3. 상황(T.P.O)에 따른 코디네이션

상황별 코디네이션이란 시간, 장소, 상황, 즉 T.P.O(Time, Place, Occasion)에 따라서 기본이 되는 코디네이션 방식이다. 시간, 장소, 상황에 맞게 적절한 옷을 선택하면 상대방에게 신뢰감을 줄 수 있다. 주위환경과의 조화, 전체와의 밸런스 등 장소와 특징을 고려하여 적합한 코디네이션을 연출해야 한다.

패션의 T.P.O는 크게 소셜 웨어와 프라이비트 웨어로 분류할 수 있다.

소셜 웨어는 비즈니스, 결혼식, 모임, 파티, 입학식과 졸업식, 장례식 등의 복장으로서 같은 계열의 배색과 톤, 같은 무늬와 소재로 배색한다. 프라이비트 웨어는 쇼핑, 스포츠, 레저, 홈 웨어의 복장으로 다른 무늬, 다른 소재, 반대색의 배색 등 다양한 배색이 가능하다.

1) 결혼식

결혼식 하객의 옷차림은 예의를 갖추는 것이 좋다. 가족, 친구, 지인, 동료 등 관계에 따라 옷차림을 다르게 해야 하며, 신랑과 신부보다 튀지 않는 옷 스타일로 흰색은 피하며 차분하고 단정하게 연출한다. 기혼 여성이나 중년 여성의 경우는 고급스럽고 심플한 클래식 스타일이 적합하며, 한복에 노리개 장식으로 포인트를 주면 쉽게 포멀한 이미지를 연출할 수 있다. 아이보리, 로즈와인, 코발트와 핑크 계열의 화사한 컬러로 슈트, 원피스, 투피스 등의 정장에 액세서리는 밝고 화사하게 연출한다. 또한 딱딱한 비즈니스 느낌의 화이트와 블랙만으로 구성된 세트 스타일이나 스포티하고 와일드한 스타일은 피한다. 전체적으로 밝아 보이면서 예의에 어긋나지 않는 세련된 연출이 좋다. 메이크업과 헤어스타일은 화사하게 연출하는 것이 좋다.

2) 장례식

장례식은 애도와 위로를 표현하는 코디네이션을 해야 한다.

남녀 모두 검은색의 정장차림이 가장 좋다. 광택이 있거나 화려한 문양, 비치는 소재 등은 피해야 한다. 남성은 화이트 셔츠에 검은색 슈트와 넥타이를 착용하고 여성은 어두운 색상의 의복을 입고 노출이 심하거나 너무 짧은 스커트, 화려한 액세서리는 피해야 한다.

3) 모임, 파티

모임이나 파티 참여 시 상대방에 대한 예의와 격식에 맞게 표현해야 한다.

또한 모임이나 파티 분위기에 잘 어울리도록 세련되고 감각적으로 이미지를 표현하는 코디네이션으로 연출해야 한다. 남성은 정장 슈트나 상하가 분리된 모양의 세퍼레이트 슈트가 좋다.

여성은 투피스나 원피스가 좋으며 상황에 맞게 지나치게 화려하지 않은 스타일이 좋다. 메이크업과 헤어스타일은 세련되고 자연스러운 스타일로 의복에 맞춰 연출한다.

4) 미술관, 음악회

미술관에 갈 때는 조용하고 차분한 그레이, 베이지, 푸르시안 블루 컬러 등의 감각적인 모던한 컬러가 좋다. 음악회에 갈 때는 화려하고 격조 있는 클래식한 무드의 차림이 좋다. 여성의 경우 장식이 있는 원피스로 드레시한 분위기를 연출한다. 또한 벨벳, 세틴 등 고급소재를 사용한 옷에 숄이나 스톨을 곁들여 연출하면 화려하고 아름다운 옷차림이 된다. 블랙 컬러의 정장에 골든 액세서리나 화려한 스카프, 깃털 달린 코사지로도 손쉽게 우아한 분위기를 연출할 수 있다.

5) 스포츠, 레저

스포츠 웨어는 요가, 테니스, 골프, 스키 등 스포츠 종목에 따라 필요한 아이템을 바꾸어준다. 화려하거나 밝고 선명한 색상을 선택하며, 움직임이 편안한 옷과 신발을 선택해야 한다. 레저용 복장은 기후나 장소에 어울리게 선택하며, 가볍게 입을 수 있고 편안한 여가활동이 가능하도록 기능성 소재를 선택하는 것도 좋다.

4. 패션소품에 따른 코디네이션

소품은 모자, 가방, 신발, 액세서리 등을 말하며 착용자의 이미지와 의복에 맞춰 전체적인 이미지를 완성해 나가는 것이다. 또한 소품을 통해 개인의 성격과 취향 등 자신을 차별화시킬 수 있는 강한 인상을 남길 수 있는 표현방법이다.

1) 모자

모자는 추위나 더위, 자외선을 피하는 기능뿐 아니라 예의를 차리거나 개성을 나타내는 용도로서 얼굴을 매력적이고 아름답게 보일 수 있다. 모자를 착용자의 의복과 조화롭게 되도록 선택해야 한다. 모자는 여러가지 형태에 따라서 다양한 이미지를 연출 할 수 있다.

모자는 의상 색과 유사한 계열의 색상을 선택하는 것이 좋으며, 얼굴형과 키를 고려하여 모자 챙의 넓이를 선택하며 너무 넓은 챙의 모자는 키가 작아 보이며, 좁은 챙의 모자는 얼굴이 커 보인다. 얼굴이 크면 넓은 챙의 모자를 쓰고, 챙이 좁은 모자는 얼굴이 작은 사람이 착용하면 된다.

2) 스카프

스카프는 밋밋하고 단순한 옷차림에 포인트를 주어 감각 있어 보이게 하는 데 효과적이다. 또한 화려한 컬러나 무늬로 다양한 스타일을 연출할 수 있다. 하지만 의복과 스카프를 모두 화려한 걸로 선택하면 전체적으로 어수선해 보이므로 의복과 어울리는 색감과 무늬를 선택해야 한다. 스카프는 체형, 피부색의 조화를 생각하여 길이와 크기를 선택하여 매는 것이 더욱 중요하다. 목이 짧은 사람에게는 목을 최대한 시원스레 보이기 위해 아래로 묶거나 세로로 내려뜨리는 방법이 적당하고, 키가 작은 사람은 되도록 몸을 많이 감싸는 큰 스카프를 피하며 길이는 짧게 맨다. 키가 큰 사람은 스카프 길이를 길게 하는 것이 좋다. 또한 얼굴형에 따라 색상 선택을 선택하며, 얼굴이 작지 않은 사람은 짙은 색상의 스카프를 매어 얼굴이 작아 보이게 하는 것이 좋다.

3) 넥타이

넥타이는 다양한 이미지를 연출할 수 있으며 키와 체격에 따라 길이와 색상, 문양을 선택해야 한다. 넥타이 색은 슈트의 색상을 기본으로 하여 같은 계열의 색이나 대비되는 색을 고르는 것이 좋다. 넥타이 무늬가 요란한 것일 때에는 바탕색이나 무늬 중에서 한 가지 슈트의 색과 같은 계열의 색을 선택한다. 넥타이의 길이는 벨트의 버클이 살짝 덮일 정도가 적당하다. 또한 넥타이 매듭을 느슨하게 하지 않도록 잘 조여서 움푹 패인 주름인 딤플이 생기도록 매는 것이 효과적이다.

체격이 크고 키가 큰 체형은 작은 물방울 문양, 페이즐리 문양과 차가운 색 계열을 선택하면 좋다. 또한 마르고 키가 큰 체형은 화려한 스타일의 넥타이보다 심플한 스타일의 넥타이가 좋다. 체격이 크고 키가 작은 사람은 솔리드나 레지멘탈 스트라이프의 문양을 선택하고, 마르고 키가 작은 사람은 크기가 작은 폴 카도트의 문양과 밝고 따뜻한 색 계열을 선택한다.

4) 벨트

벨트는 허리에서 끈이나 띠 형태를 이루어 버클로 고정하여 의복을 정리하며, 신체의 결점을 보완하는 체형 보정으로도 스타일을 연출할 수 있다. 벨트는 용도와 체형, 스타일을 고려하여 폭, 길이, 소재, 의복의 두께를 선택한다. 날씬하고 키가 큰 사람은 벨트 선택 시 화려하고 폭이 넓은 디자인을 선택하면 좋고, 뚱뚱하고 키가 작은 사람은 차분한 색상인 어두운 색과 벨트 폭이 좁은 디자인을 선택하면 된다. 남성의 경우 버클이 너무 화려하지 않는 것을 선택하고, 구두와 색을 맞추거나 상의와 같은 계열의 색상을 맞추면 된다. 벨트와 멜빵은 동시에 착용하지 않으며, 구두와 같은 색상으로 매치시키는 것이 적당하다. 여성은 스커트와 같은 색상의 벨트가 허리를 좀 더 날씬하게 보이게 하며, 굵기는 의상의 소재나 디자인에 맞추어 결정하도록 한다. 키가 크고 마른 체형이라면 재킷 위에 벨트를 매는 것도 멋진 연출이 될 수 있다.

5) 스타킹

여성의 다리를 아름답게 만드는 스타킹은 의상과 구두를 고려하여 색상을 선택하여 한다.

구두와 스타킹의 색을 맞추어 신으면 다리를 길어 보이고 단정한 느낌을 준다. 스타일에서 살색이나 커피색 계열이 무난하며, 자신의 피부톤보다 1~2단계 정도 어두운 색을 선택하는 것이 무난하다. 불투명 스타킹은 다리를 길어 보이게 하며, 무늬가 있는 스타킹은 다리를 굵어 보이게 한다. 지나치게 화려한 색상의 스타킹은 점잖은 자리에서는 피하도록 한다.

6) 구두

신발은 패션의 마무리 단계로 의복을 돋보이게 하고 의복을 착용한 사람의 센스나 원하는 인상을 구축할 수 있다. 또한 세련되고 고급스러운 구두는 이미지를 완성시키는 역할과 옷의 전체 분위기를 바꾸어 줄 수 있다. 신발은 의복과 조화되도록 의복의 색상을 고려하여 연출해야 한다. 의복의 색과 같거나 어두운 색이 좋으며, 가방과 함께 조화를 이루도록 하며 양말, 스타킹의 색상과 무늬를 고려하여 선택한다.

구두는 형태에 따라 발등을 감싸는 구두와 부츠, 발등이 보이는 샌들로 분류할 수 있다.

정장용 구두로는 전통적인 디자인의 가죽 소재로 준비하면 어느 옷에나 잘 조화시킬 수 있다. 발등이 많이 파인 구두는 다리가 길어 보이고 발등이 많이 덮인 구두는 다리를 짧게 보인다. 구두굽의 높이는 의복과 균형이 맞지 않으면 키가 작아 보일 수 있고 다리를 뚱뚱하게 보일 수 있다. 또한 구두굽이 투박하고 무거우면 둔하고 무거운 이미지를 줄 수 있다.

7) 가방

가방은 패션 이미지를 완성하는 패션 액세서리로서 의복과 조화를 맞춰 전체적으로 조화롭게 이루도록 하며 T.P.O에 맞춰 가방의 디자인을 선택하여 연출해야 한다.

가방의 형태에 따라 핸드백, 숄더 백, 클러치 백, 룩 색, 캐리백으로 구분할 수 있다.

가방 크기는 신체 사이즈에 비례하는 것을 선택하는 것이 좋다. 체격이 작은 사람이 너무 큰 가방을 착용하거나 큰 체격의 사람이 너무 작은 가방을 착용하는 것은 어울리지 않는다.

남성의 경우 자신의 체형과 업무 등을 고려하여 가방의 크기와 디자인, 색상을 선택하는 것이 좋다. 비즈니스 백은 검은색, 짙은 갈색, 무지의 심플한 디자인으로 가죽 제품을 선택한다. 핸드백은 구두, 의상, 본인의 체형과 잘 조화되는 것을 선택해야 하는데 반드시 색상, 소재를 통일할 필요는 없다. 색상은 흰색, 브라운, 검은색을 기본으로 지나치게 화려하지 않은 것이 좋으며 깨끗하게 관리되어 있어야 한다.

여성용 가방

남성용 가방

8) 액세서리

액세서리는 스타일링의 마무리로서 귀걸이, 목걸이, 반지, 팔찌 등 보석으로 된 장신구를 말한다. 장식적인 목적으로 얼굴형, 체형, 의복, 메이크업 색상과의 조화, T.P.O 등을 고려하여 액세서리의 종류와 디자인을 선택하여 착용자의 감성과 개성을 연출할 수 있다. 액세서리는 강조하고 싶은 부분을 부각시킬 수 있도록 한두 가지만 골라서 액센트를 주는 것이 좋다.

또한 비즈니스 액세서리는 너무 크고 화려하지 않도록 하며 심플하게 연출한다.

귀걸이는 얼굴 라인에 맞추는 것이 중요하며 얼굴을 화사하고 더욱 돋보이게 해주는 액센트 역할을 한다. 둥근 얼굴형인 경우 라운드 형태의 귀걸이는 얼굴이 더 둥글게 보이므로 피하고 수직 형태의 귀걸이를 착용한다. 사각형 얼굴은 둥근 형태가 인상을 부드럽게 보일 수 있다. 또한 역삼각형은 턱선을 넓어 보이게 하는 커다란 모양을 선택한다. 긴 얼굴형은 길고 달랑거리는 스타일은 피하고 곡선형 스타일을 선택하는 것이 좋다. 특히 목걸이는 의복과 조화를 고려하여 크기, 길이, 재질 등을 선택한다. 목걸이는 스타일을 보다 멋지고 세련되게 연출할 수 있다. 목이 긴 체형에는 목에 꽉 끼는 목걸이가 좋으며, 짧은 목에는 긴 목걸이를 착용하면 좋다.

9) 안경

안경은 시력보호를 위해 착용하지만 패션 감각을 표현할 수 있는 액세서리로도 사용되어진다. 안경은 얼굴형과 얼굴색을 고려하여 안경테의 모양과 크기, 재질을 선택하여 스타일을 연출할 수 있다. 큰 얼굴에는 안경테가 큰 것을, 작은 얼굴에는 작고 좁은 테가 어울린다.

또한 계란형 얼굴은 어떠한 안경도 잘 어울린다. 둥근 얼굴형의 안경테는 각진 모양, 긴 얼굴형은 둥근 모양이 좋다. 각진형 얼굴은 안경의 윗부분은 각지고 아랫부분은 동그란 모양을 선택하고 마름모형 얼굴은 관자놀이 보다 좁은 안경테를 선택하면 된다.

10) 향수

은은하게 나는 좋은 향기는 다른 사람에게 좋은 인상을 줄 수 있다.

향수의 구비 요건은 향의 특징과 지속성이 강하고 시대성에 부합하는 향이어야 하며, 향의 조화가 잘 이루어져야 한다.

향수는 향이 퍼지는 발향 단계로 분류되며 원액의 농축정도, 부향률에 따라 구분된다. 향기는 탑 노트(TOP Note), 미들 노트(Midle Note), 베이스 노트(Base Note)로 분류된다.

- 탑 노트(TOP Note) : 알코올이 날아기기 전후의 향기로서 향수 분사 후 바로 나오며 시원한 프루티향 등이 해당된다.
- 미들 노트(Midle Note) : 향수를 분사 후 지속시간은 1시간 정도로서 로맨틱한 플로럴향 등이 해당된다.
- 베이스 노트(Base Note) : 잔향으로서 향수를 분사 후 지속시간은 2 ~ 3시간 정도이며 우디향 등이 해당된다.

향수의 분류는 퍼퓸, 오 데 퍼퓸, 오 데 투왈렛, 오 데 코롱, 샤워 코롱 등으로 향수를 농도와 지속시간에 따라 분류하며, 계열에 따른 향의 분류는 플로럴 타입, 우디 계열, 프레시 계열, 오리엔탈 계열, 시트러스 계열, 프루티 계열, 아쿠아 계열, 스파이시 계열 등 으로 되어있다.

봄에는 산뜻한 꽃과 과일 향기를 띤 향으로 여름에는 달콤한 로맨틱 향, 가을에는 감각적인 사향 향기를 띤 향, 겨울에는 자극적인 시프레 계열로 구분하여 쓸 수 있다.

향수를 고르는 법은 피부에 향수를 분사 후 20분이 지난 후에 자신의 체취와 섞인 향을 맡아 자신의 후각에 따라 마음에 드는 것을 선택하면 된다.

향수는 손목 안쪽, 목 아랫부분, 귀 뒤쪽, 스커트 안쪽 등과 같이 맥박이 뛰거나 움직임에 따라 향이 은은하게 전달될 수 있는 부위에 뿌리며 외출 전 30분에서 1시간 정도 전에 향수를 사용하는 것이 좋다. 또한 여름철에는 지나치게 강한 향수는 사용하지 않아야 하며, 식사 자리에서는 향수를 자제하는 것이 좋다.

CS & ImageMaking

CS &
ImageN

10

뷰티 이미지

1. 건강한 피부를 위한 스킨케어
2. 나에게 어울리는 메이크업
3. 헤어스타일링 연출법

Making

1. 건강한 피부를 위한 스킨케어

건강하고 깨끗하게 잘 관리된 피부는 보는 사람으로 하여금 좋은 이미지를 갖게 한다.

피부의 구조는 표피, 진피, 피하조직의 3층으로 구분된다.

피부의 표피는 각질층, 투명층, 과립층, 유극층, 기저층으로 구성되어 있다.

각질층은 피부의 가장 바깥층으로 외부자극으로부터 피부를 보호하며 박리현상을 일으키는 층이며, 투명층은 무색 · 무핵층으로 손바닥, 발바닥에 주로 분포한다. 과립층은 피부 장벽에 중요한 역할을 한다. 또한 수분 저지막이 체내의 수분 유출을 방지하며 외부 이물질 침투를 방지 한다. 유극층은 표피의 가장 두꺼운 층으로 피부 면역을 담당하는 랑게르한스 세포가 존재하며, 기저저층은 진피층의 모세혈관을 통하여 산소와 영양분을 공급받으며 피부색을 결정짓는 멜라닌형성세포, 각질형성세포, 감각세포인 머켈세포가 존재한다.

진피는 표피아래에 위치하며 피부의 90% 이상을 차지한다.

진피는 표피보다 10 ~ 40배 가량 두터우며 혈관, 신경관, 림프관, 피지선 등 피부 부속기관을 포함하고 있으며 진피의 구성은 유두층과 망상층으로 되어있다.

유두층은 표피에 영양분과 산소를 운반하고 림프관으로 표피의 노폐물을 배설한다.

망상층의 구성물질은 진피의 90%를 차지하는 교원섬유인 콜라겐 섬유와 진피 성분의 2~3%를 차지하는 탄력섬유인 엘라스틴 섬유로 치밀하게 결합되어 있으며 결합조직세포인 섬유아세포, 무코다당류인 기질로 되어 있다.

피하조직은 주로 지방 세포로 구성되어 있으며 진피와 근육사이에 위치한다.

피부의 기능은 보호 기능, 분비 및 배설 기능, 흡수 기능, 체온조절 기능, 호흡 기능, 감각 기능, 저장 기능, 면역 작용 등의 기능을 한다.

스킨케어는 외부 환경으로부터 피부를 보호하고 건강하고 아름답게 피부를 유지 또는 개선시키며 심신의 안정과 만족감을 준다. 스킨케어는 개인의 피부 상태에 맞는 적합한 관리를 하는 것이다. 피부상태는 연령, 계절, 외부 환경(햇빛, 열, 바람 등), 건강상태, 생활습관, 잘못된 식습관, 스트레스 등 다양한 요인에 영향을 받는다. 일반적인 피부 유형은 피부조직, 피부 보습, 피지 분비량, 각질상태, 민감상태, 혈액순환, 탄력성, 모공의 크기, 색소침착 등으로 결정되며 각질층의 유분과 수분 상태로 구분된다.

피부 타입은 크게 정상피부, 건성피부, 지성피부, 복합성피부로 나뉘며 민감성피부, 여드름피부, 색소침착피부, 노화피부로 분류된다.

피부의 수분, 탄력, 색소, 주름은 25세부터 달라지기 시작하며 30대를 넘으면 호르몬 분비의 변화로 피부에 주름이 굵어지고 탄력이 떨어지며 색소침착이 쉬워진다. 피부노화에 가장 큰 영향을 미치는 요인 중 하나는 자외선이다. 피부는 자외선을 대처하기 위해 멜라닌 색소를 만들어내며 기미와 주근깨, 잡티의 색소를 나타낸다. 자외선 차단제는 물리적인 산란작용과 화학적인 흡수작용을 이용하여 자외선으로부터 피부를 보호한다. 자외선 차단지수인 SPF는 수치가 높을수록 자외선 차단지수가 높지만 평상시에는 SPF 15 ~ 20, 여름철 야외활동이나 겨울철 스키장에서는 SPF 30 ~ 50 정도가 적당하다. 자외선 차단제는 1년 내내 생활화해야하며 외출 30분 전쯤에 바르는 것이 좋다. 또한 성장호르몬이 왕성하게 분비되는 밤 12시에서 새벽 2시 사이에는 피부의 재생이 활발해지므로 이 시간에는 잠을 자야 하며 충분한 수분 섭취와 규칙적인 운동을 하면 좋다.

피부관리의 기초는 클렌징이다. 클렌징은 연령, 계절, 자신의 피부 타입에 따라 세안법을 다르게 해야 하며 피부의 노폐물과 피지, 메이크업 등으로 자극 받은 피부의 불순물을 클렌징을 통해 깨끗이 제거해야 한다. 메이크업 제거 시에는 눈과 입술 화장을 먼저 지우고, 얼굴 전체를 1 ~ 2분 정도 가볍게 클렌징하며 적절한 세안제를 선택하여 미지근한 물로 세안한다.

또한 피부타입에 맞는 딥클렌징으로 각질관리와 모공 깊숙이 있는 노폐물을 제거하여 건강한 피부로 만들어야 한다. 각질은 외부 자극으로부터의 피부 보호와 유·수분이 과도하게 증발되지 않게 조절해준다.

피부세포의 각질화 과정은 약 4주인 28일 정도가 정상 주기이다. 하지만 나이가 들수록 재생속도가 느려지고 각질 탈락이 제대로 배출하지 못해 피부가 칙칙해지며 각질이 들뜨고 화장이 잘 받지 않는다.

촉촉하고 건강한 피부를 위해서는 주 1회 정도 팩을 하여 피부에 보습과 영양을 주어야 한다. 또한 피부 마사지를 통해 얼굴 근육이 늘어지거나 처지지 않게 근육의 수축 · 이완과 탄력 증진 및 혈액순환을 원활하게 해주어야 한다. 따라서 자신의 현재 피부 상태를 살피고 피부유형에 맞는 화장품과 스킨케어가 이루어져야 한다.

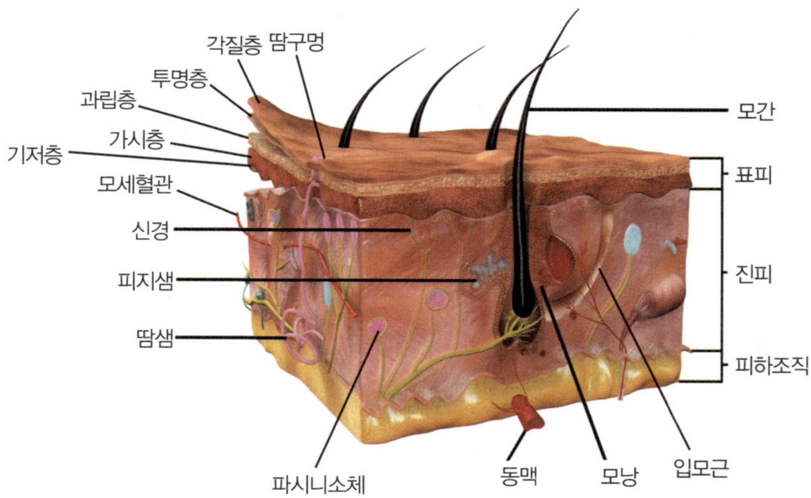

피부의 구조

1) 피부 유형별 특징과 관리방법

피부 유형	특징	관리방법
정상 피부	가장 이상적인 피부유형으로 피부의 유분과 수분의 균형으로 피부결이 곱다. 촉촉한 피부보습상태를 유지하고 있으며 모공이 섬세하며 피부탄력이 좋다.	유·수분의 균형을 맞춰 현재의 피부 상태를 유지시킨다. 자외선 등 외부환경으로부터 피부를 보호한다. 주1회 딥클렌징 한다.
건성 피부	피부의 수분과 피지 분비량이 적어 피부가 건조하고 당기는 현상이 있다. 피부 저항력이 약해 민감해 지기 쉽다. 피부가 얇고 모공이 작으며 탄력이 떨어지며 잔주름이 잘 생긴다.	유분과 수분을 공급하여 보습 기능을 강화해야한다. 피부가 건성화되지 않도록 외부환경으로부터 피부를 보호한다. 지나친 세안은 하지 않는 것이 좋으며 격주 2회 정도 딥클렌징한다.
지성 피부	피지선의 기능이 발달하여 피지가 과잉 분비되어 있다. 각질층이 두껍고 외부 자극에 저항력이 강하며 모공이 크고 피부결이 거칠다. 피부가 번들거리며 화장이 잘 지워진다.	피지 분비를 조절하고 각질제거를 통해 모공이 막히지 않도록 한다. 여드름이 형성되는 것을 예방한다. 주 2회 정도 딥클렌징을 한다.
복합성 피부	2가지 이상의 피부 타입이 나타나는 피부이다. T존(코와 이마)은 피지 분비가 많고 U존(볼과 턱선)은 피지 분비가 적어 수분이 부족하여 건조함을 느낀다.	T존 부위는 각질제거제를 통한 피지관리를 하고 U존은 보습 관리를 한다. T존은 주2회, U존은 격주 1회 딥클렌징 한다.
민감성(예민) 피부	유전적 요인과 외부 자극에 의해 피부 조직은 얇고 모공이 거의 보이지 않는다. 피부 당김, 각질, 붉음증, 혈관 확장, 알레르기 등의 증상이 나타난다.	자외선, 열 등 외부자극으로부터 피부를 보호한다. 약산성 세안제와 저자극성 화장품을 사용하고 진정, 보습관리를 한다.

피부 유형	특징	관리방법
여드름 피부	80% 이상 유전적 요인과 남성호르몬인 테스토론과 여성호르몬인 프로게스테론의 분비증가로 발생한다. 또한 피지 분비가 왕성하며 모공 내 각질이 쌓여 피지가 배출되지 못한다. 호르몬의 불균형, 스트레스, 월경 전후, 잘못된 식습관 등이 원인이 된다. 비화농성(화이트헤드, 블랙헤드)과 화농성(구진, 농포, 결절, 낭포) 여드름으로 구분한다.	각질제거와 피지제거를 하고 손으로 만져 자극을 주지 않도록 한다. 모공이 막히지 않도록 관리하며 진정과 보습관리를 한다. 여드름 전용 화장품을 사용하도록 한다.
색소침착 피부	피부를 보호하기 위해서 멜라닌 색소가 과다 형성되어 발생되는 색소 이상 현상으로 피부에 침착되어 갈색을 띠게 된다. 자외선, 스트레스, 내분비장애(호르몬, 임신)등 이 원인이 된다.	자외선으로부터 피부를 보호하고 피부 보호를 위해 자외선 차단제를 바른다. 수분관리와 미백 화장품을 사용한다.
노화 피부	나이가 들면서 생기는 자연스러운 노화현상과 햇빛에 의한 광노화로 유·수분이 부족하고 피부 탄력이 저하되어 있다. 잔주름이 늘어나고 깊은 주름이 생기며 검버섯이 나타난다.	자외선 등 외부자극으로부터 피부를 보호한다. 마사지를 통한 적절한 자극을 통해 피부에 탄력을 주고 충분한 보습과 영양 공급, 재생관리를 한다.

2. 나에게 어울리는 메이크업

1) 메이크업의 개념

메이크업(Make-up)이란 '보완하다', '제작하다', '화장하다', '분장하다'라는 의미로 얼굴이나 신체의 결점을 미의 개념에 적합하도록 수정하고 보완하여 아름답게 꾸미는 행위를 말한다.

메이크업은 타인에게 자신을 표현할 수 있는 방법으로서 좋은 이미지를 연출할 수 있는 중요한 커뮤니케이션 수단의 하나이다. 여성의 매력을 높여주는 메이크업은 얼굴형과 T.P.O에 맞게 적절히 연출하여 얼굴의 단점은 보완하고 장점을 극대화시켜 자신의 개성을 표현하거나 외모를 아름답게 하여 자신감을 회복시킬 수 있다.

메이크업의 표현요소는 형, 색, 질감이며 전체와 부분, 좌우대칭의 균형과 색의 균형을 이루어야 한다. 메이크업의 색채는 계절별 유행색과 자신의 피부색, 얼굴형, 모발색, 눈동자 색 등을 고려하여야 한다. 또한 메이크업의 완성도는 피부표현이 70% 정도를 차지한다. 피부 색, 피부 톤, 피부타입 등을 고려하여 메이크업 베이스, 파운데이션, 컨실러로 표현해야 한다. 메이크업 베이스는 피부톤을 정리하는 역할을 하며, 컨실러는 피부 잡티와 결점을 부분적으로 커버해준다. 피부타입별 메이크업베이스 색상은 생기없어 보이고 푸석해 보일때는 핑크계열, 칙칙해 보이는 피부와 다크서클에는 오렌지계열, 피부가 얇거나 붉은 피부, 울긋불긋한 잡티에는 초록계열, 누렇게 뜨거나 칙칙한 피부에는 보라계열을 선택한다. 파운데이션은 본인의 피부 타입에 맞는 종류를 선택하며 피부색과 비슷하거나 한 단계 밝은 색을 선택하는 것이 좋다. 셰이딩 컬러와 하이라이터 컬러는 얼굴 윤곽을 수정해 입체적이고 화사한 이미지를 표현할 수 있다. 셰이딩 컬러는 파운데이션보다 1 ~ 2단계 어두운 색을 사용하여 계란형이 되게 표현해 주며, 하이라이터 컬러는 파운데이션보다 1 ~ 2단계 밝은 색을 사용하여 이마 중앙, 콧날선, 눈 밑, 턱 중앙 등 돌출되게 표현한다.

눈썹은 얼굴 전체 이미지에 많은 영향을 미친다. 얼굴형에 맞는 눈썹의 유형을 그려줘야 하고 머리카락 색에 맞는 눈썹 색을 선택한다. 또한 아이라인, 마스카라, 아이섀도는 눈매를 또렷하게 하고 눈의 모양을 수정하고 보완해 주는 역할을 한다. 치크는 블러셔를 사용하여 얼굴에 혈색과 생기를 줄 수 있다. 블러셔의 위치는 얼굴을 정면에서 바라봤을 때 눈동자 중앙에서 시작해서 코 끝선까지 범위 내에서 귀 옆으로 둥글리거나 사선으로 바른다. 립 메이크업은 얼굴 전체의 포인트로서 입술 형태, 피부색, 의상 색에 따라 립스틱 색을 선택한다.

따라서 메이크업은 선(눈썹 라인, 아이라인, 입술라인 등), 면(아이섀도, 블러셔, 입술), 색, 질감(피부결을 고르게 보이게 하는 피부표현)의 착시효과를 활용한 표현기법으로 자신의 얼굴형, 눈썹, 눈, 볼, 입술 등의 형태를 고려하여 자신이 원하는 얼굴 형태 및 이미지에 맞게 균형(전체와 부분, 좌우대칭, 색)있고 조화로운 메이크업을 선택하는 것이 중요하다.

피부 & 색조 메이크업

기초화장 & 자외선 차단제 – 메이크업 베이스 – 프라이머 – 컨실러 – 파운데이션(베이스, 셰이딩, 하이라이터) – 페이스 파우더 – 아이브로(눈썹) – 아이섀도 – 아이라이너 – 아이래시 컬러(뷰러) – 마스카라 – 립스틱 – 블러셔

① **눈썹 유형**

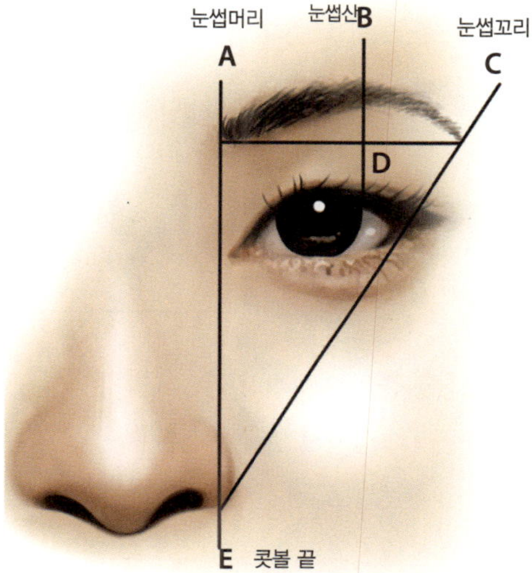

눈썹 위치와 명칭

• 표준형 눈썹

어떤 얼굴형에나 잘 어울리는 일반적인 기본형 눈썹이다. 발랄하고 젊으며 귀엽고 활동적인 이미지로서 여성적인 느낌을 준다. 눈썹 산의 위치는 눈썹 전체 길이의 2/3 지점이고 눈썹꼬리의 위치는 눈꼬리와 콧망울을 45도 각도로 연결해서 만나는 지점이다. 부드럽고 자연스럽게 그려준다.

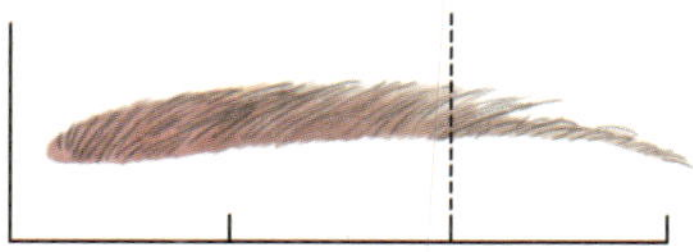

• 아치형 눈썹

역삼각형과 사각형의 얼굴처럼 이마가 넓은 얼굴형에 잘 어울리며 여성스럽고 우아한 느낌을 준다. 표준형 눈썹보다 앞머리 부분을 곡선형으로 부드럽게 그려준다.

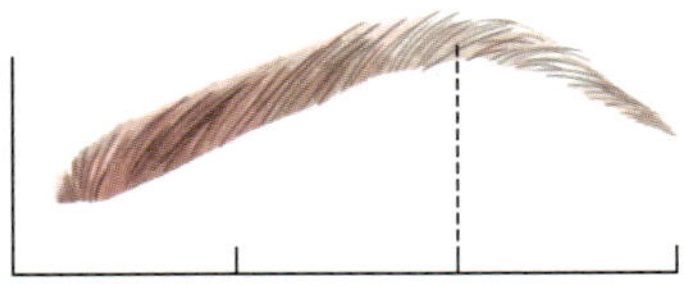

• 각진형 눈썹(갈매기형)

둥근형과 삼각형 얼굴형에 잘 어울린다. 주관이 뚜렷하고 성격이 강하며 세련된 느낌을 준다. 눈썹 산에서 눈썹꼬리까지 표준형 눈썹과 비슷하거나 좀 더 높게 올라가게 각지고 꺾이는 형태로 그려준다.

• 직선형 눈썹(수평형)

일자 눈썹으로 좁은 얼굴형과 긴 얼굴형에 잘 어울린다. 신념이 강하고 주관이 뚜렷하며 대인관계가 원만한 이미지로서 어려보인다. 표준형 눈썹에 비해 눈썹산이 낮으며 눈썹 시작부터 끝부분이 차이가 없이 수평으로 그려준다.

• 상승형 눈썹(화살형)

둥근형과 각진형, 마름모형 얼굴에 잘 어울린다. 자존심이 강하고 인내력과 끈기가 있는 활동적이고 젊은 느낌을 준다. 눈썹 앞머리부분과 끝부분의 높이의 차이가 많이 나게 눈썹산과 눈썹 끝을 올려서 짧게 그려준다.

눈썹정리 방법

눈썹빗을 사용하여 눈썹이 난 결대로 빗어주고 눈썹 모양에 맞춰 눈썹 칼로 눈썹 아랫부분을 정리한다. 눈썹 윗부분은 가급적 손대지 않는 것이 좋으며 눈썹 가위로 눈썹의 길이와 눈썹 숱을 정리한다.

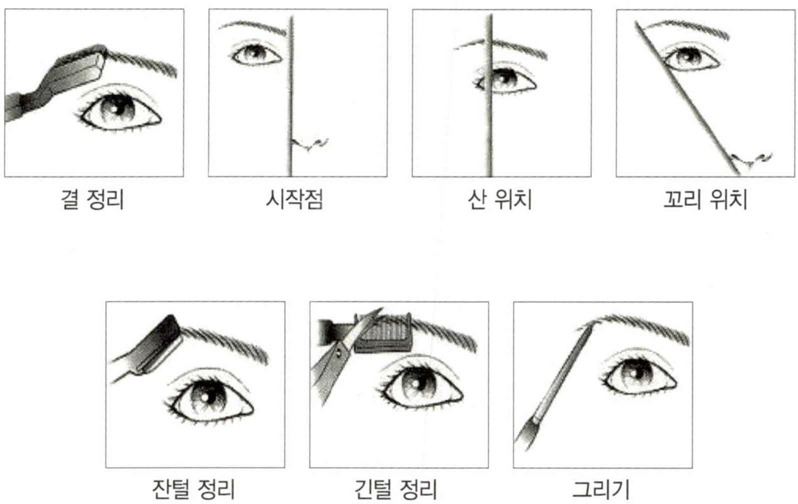

눈썹 정리하는 방법

② 눈 형태에 따른 아이 메이크업

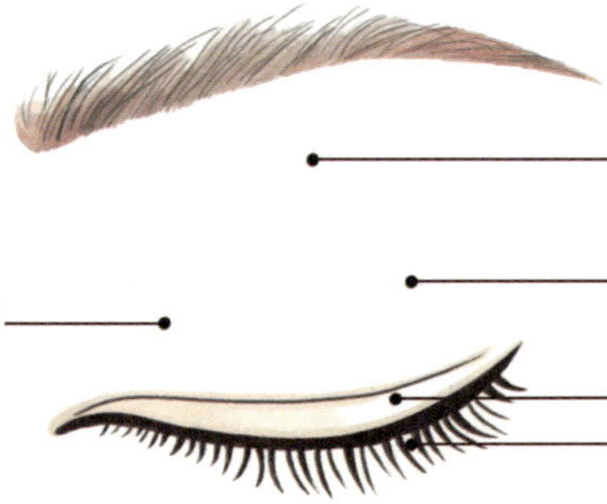

- 작은 눈은 소극적이고 답답해 보이며 귀여운 인상을 주는 이미지이다. 밝은 색상과 펄감이 있는 아이섀도로 눈이 커보이게 연출한다.
  어두운 색 아이섀도를 눈앞머리에서 눈꼬리까지 라인에 펴 바르고 아이라이너는 눈꼬리와 언더라인(아래 눈꺼풀)이 만나지 않게 살짝 빼주듯이 그려주어 눈매를 크게 표현한다.

- 큰 눈은 정열적이고 시원해보이는 인상을 주는 이미지이다. 눈에 포인트를 주지 말고 연한 색 아이섀도로 자연스럽게 그러데이션한다. 아이라이너는 자연스럽고 얇게 그려준다.
- 눈꼬리가 올라간 눈은 날카롭고 고집 있어보이는 인상을 주는 이미지이다. 밝은 색상의 아이 섀도를 선택하는 것이 좋으며 언더라인에 포인트 컬러의 아이섀도를 바른다. 아이라이너는 눈 앞머리는 조금 두껍고 눈꼬리는 얇고 처지게 그린다. 또한 눈꼬리 쪽의 속눈썹에 마스카라를 발라 부드러운 인상을 만든다.
- 눈꼬리가 처진 눈은 순진하고 온순해 보이는 인상을 주는 이미지이다.
  아이라인, 인조 속눈썹으로 눈매를 또렷하고 선명하게 연출해야 한다. 한색 계열의 아이섀도를 선택하는 것이 좋으며 눈꼬리 부분에 포인트 컬러의 아이섀도로 표현한다. 아이라이너는 눈 앞머리는 가늘게 그리고 눈꼬리 부분은 약간 두껍게 사선 방향으로 끌어 올리듯이 그린다.
- 쌍꺼풀이 없는 눈은 아이섀도는 눈 앞부분은 밝은 색으로, 나머지 부분은 어두운 컬러를 사용한다. 또한 아이라이너로 눈꼬리를 길게 그려주거나 아이섀도로 강조한다. 아이라인은 눈을 떴을 때 라인이 살짝 보이게 중앙부분을 두껍게 그리며 언더라인은 아이라이너를 그려 눈을 또렷하고 크게 만든다.
- 눈두덩이가 나온 눈은 고집이 있고 무뚝뚝한 인상을 주는 이미지이다.
  펄감의 아이섀도는 사용하지 않고 어두운색 계열과 포인트 컬러를 선명하게 하여 눈매를 강조하고 눈 앞머리와 눈썹 뼈 부분에 하이라이터를 바른다. 아이라이너로 눈 전체를 그리고 눈꼬리와 언더라인은 좀 더 강조한다.
- 눈두덩이가 들어간 눈은 지적이고 성숙해보이며 피곤해 보이는 인상을 준다.
  밝은 색이나 펄감이 있는 아이섀도를 바르고 포인트 컬러도 밝은 색을 사용한다. 아이라이너로 눈꼬리 부분을 약간 올려서 그려준다.

- 눈 사이가 좁은 눈은 눈 앞머리는 진한 색을 사용하고 눈꼬리 부분은 밝은 색의 아이섀도를 사용하여 눈과 눈 사이의 간격이 좁아 보이게 표현한다. 아이라이너로 눈 앞머리는 엷게 그리고 눈 꼬리 부분은 강조해 준다.
- 눈 사이가 넓은 눈은 아이섀도는 눈 앞머리에서 중간 부분까지 밝은 색상을 사용하고 눈꼬리 부분은 짙은 색상으로 포인트를 준다. 아이라이너로 눈 앞머리는 두껍게 그려주고 눈꼬리 부분은 엷게 그려 준다.

아이라이너는 라인의 길이와 두께를 고려하여 눈 중앙에서부터 시작하여 눈앞머리 - 눈 중앙 - 눈 꼬리 방향으로 최대한 점막에 가깝게 그려준다.
또한 손가락이나 면봉을 이용하여 눈두덩이를 살짝 들어 올려 준 후 속눈썹과 속눈썹 사이에 빈틈이 보이지 않게 점막을 메우고 눈꼬리의 라인을 자연스럽게 펴준다.

안경 쓴 얼굴의 아이 메이크업

- 무테나 연한 색 프레임 안경 : 아이섀도 색은 흐린 파스텔로 채도가 높고 밝은 색이 좋다.
- 브라운 색 프레임 안경 : 안경을 쓰면 눈의 가로 길이가 강조되므로 검은 색 아이라이너를 그려서 눈에 세로감이 강조되게 한다.
- 검은색 프레임 안경 : 검정색 프레임이 강하므로 아이섀도는 스킨 톤으로 은은하게 표현하며 속눈썹 사이를 아이라이너로 채워 단정한 이미지로 만든다.

③ 이미지에 따른 입술 메이크업

입의 형태는 입의 크기, 입술의 두께, 입술 길이로 알 수 있다. 입술 윤곽선, 입술산 너비, 입 처짐 등 입술 형태에 따라 얼굴 이미지는 달라질 수 있다. 따라서 립스틱 색상과 톤으로 자신이 원하는 이미지를 연출할 수 있으며 밝은 피부색과 어두운 색에 맞는 다양한 입술 색을 표현할 수 있다.

- 로맨틱하고 여성스러운 이미지 : 핑크색 립스틱
- 경쾌하고 캐주얼한 이미지 : 오렌지, 핑크색 립스틱
- 품위있는 이미지 : 누드, 핑크, 오렌지, 레드 퍼플, 브라운색 립스틱
- 부드럽고 수수한 이미지 : 누드, 연한 핑크색 립스틱
- 강렬하고 섹시한 이미지 : 레드, 오렌지, 핫핑크, 퍼플색 립스틱
- 세련되고 개성있는 이미지 : 레드, 밝은 오렌지, 퍼플색 립스틱

2) 얼굴 유형에 따른 메이크업

얼굴을 통해 그 사람의 인상과 전체 이미지를 알 수 있으며 얼굴 형태에 따라 다른 이미지를 갖는다. 메이크업은 균형과 조화가 중요하다. 얼굴의 형태적 특징들과 얼굴형은 메이크업의 시술을 어떻게 할 것인가를 결정짓는 중요한 요소가 된다.

얼굴형은 얼굴의 외곽선으로 머리 모양과 이목구비를 제외한 것을 의미하며 얼굴의 형태는 이마, 눈, 코, 입, 볼, 턱 등으로 이루어진 특징적인 형태 차이로 구분되어진다. 얼굴형은 그 시대의 사회적 이상적인 아름다움의 기준에 의해서 판단되며 시각적으로 얼굴 길이, 가로와 세로의 비율, 이마, 턱, 광대뼈의 모양 등에 의해 분류되고 있다. 얼굴의 유형은 계란형, 둥근형, 긴형, 사각형, 역삼각형, 삼각형, 마름모형으로 미용학적 분류를 기준으로 하였다.

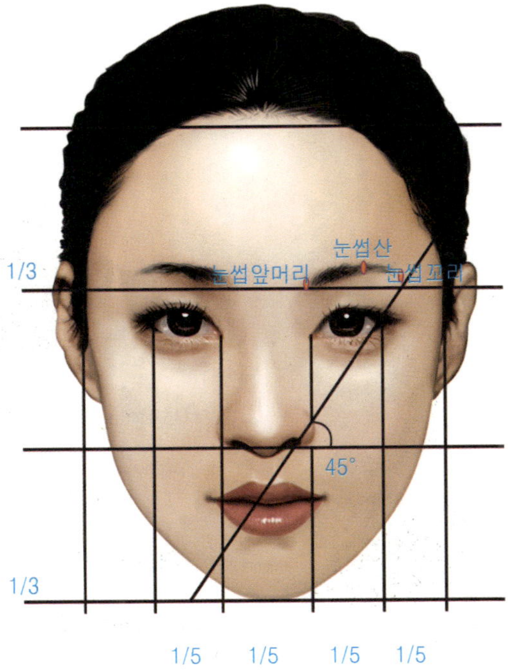

① **계란형**

계란형은 표준이 되는 가장 이상적인 얼굴형으로 '타원형'이라고도 한다.

얼굴형의 길이와 가로, 세로의 비율이 적당하게 균형을 이루는 얼굴형이다.

사교적이며 자연스럽고 매력적이며 아름답고 여성적인 이미지로서 메이크업 시 별도의 수정이 필요 없으며 원하는 이미지에 맞게 다양한 표현을 연출할 수 있다.

② 둥근형

둥근형은 빰이 둥글고 얼굴 길이가 짧으며 가로, 세로의 길이가 거의 같은 비율로 얼굴에 살집이 있는 얼굴형이다. 사랑스럽고 어려보이며 귀엽고 친근한 낙천적인 이미지이다.

Point

하이라이터와 셰이딩을 세로로 강조하여 얼굴의 옆폭을 갸름하게 만든다.

- 아이브로 : 각진형, 상승형 눈썹으로 그린다.
- 셰이딩 : 양 볼에 세로방향으로 얼굴라인 바깥부분을 계란형 얼굴이 되게 바른다.
- 하이라이터 : T존부위인 이마부터 콧방울 전까지 바른다.
- 블러셔 : 귀부분에서 입 꼬리를 향하게 사선으로 길게 바른다.
- 립 : 아랫입술은 둥그스름한 곡선이 되도록 하며 윗입술의 입술산은 둥글게 그려준다. 강한 곡선이 수평선이 강조되지 않도록 주의하고 입술 크기는 크지 않게 한다.

③ **긴 형**(장방형)

긴 형은 얼굴의 이마나 턱의 길이가 길고 얼굴 폭이 좁은 얼굴형이다. 우아하고 고상하며 침착하고 조용한 이미지로서 성숙하며 나이 들어 보인다.

Point

하이라이터와 셰이딩을 가로형으로 강조하여 얼굴의 길이를 짧게 보이도록 한다.

- 아이브로 : 직선형 눈썹으로 그린다.
- 셰이딩 : 이마의 헤어라인 전체와 턱끝 전체를 바른다.
- 하이라이터 : 이마 부분과 눈 밑을 가로로 바른다.
- 블러셔 : 귀부분에서 눈 앞머리, 코끝 쪽으로 바른다.
- 립 : 윗입술의 입술산은 수평적으로 보이게 부드러운 윤곽을 그려주며 아랫입술은 곡선으로 보이게 그려준다.

④ 사각형

사각형은 턱이 발달하고 얼굴의 가로, 세로의 길이 차이가 적은 얼굴형이다. 남성적이고 고집스러움, 인내력과 집착이 강해보이는 활동적인 이미지이다.

Point

양쪽 턱과 양쪽 헤어라인에 셰이딩을 강조하여 얼굴의 각진 부분이 넓어 보이지 않게 얼굴 폭을 감소시킨다.

- 아이브로 : 아치형, 부드러운 화살형 눈썹으로 그린다.
- 셰이딩 : 양쪽 이마와 양쪽 턱을 계란형 얼굴이 되게 바른다.
- 하이라이터 : T존 부위인 이마부터 콧방울 전까지 바른다.
- 블러셔 : 귀부분에서 둥글게 광대뼈에서 턱 끝을 향해 넓게 바른다.
- 립 : 입술 길이는 짧고 입술 폭은 넓게 하며 부드러운 곡선으로 볼륨감을 표현한다.

⑤ 역삼각형

역삼각형은 V라인이라고도 하며, 턱이 뾰족하고 이마가 넓은 현대적인 얼굴형이다. 안정적이며 의리, 신뢰성, 세련미를 풍기는 소녀다운 이미지이다.

Point

이마 양 사이드와 턱 끝을 셰이딩을 하여 볼을 도톰하게 보이게 한다.

- 아이브로 : 표준형, 아치형 눈썹으로 짧고 부드럽게 그린다.
- 셰이딩 : 양쪽 이마와 입술 아래턱을 계란형 얼굴이 되게 바른다.
- 하이라이터 : 양쪽 아랫볼이 통통하게 보일 수 있게 광대뼈가 끝나는 부분과 턱 아랫부분에 하이라이터를 준다
- 블러셔 : 귀부분에서 코끝을 향해 짧게 사선으로 바른다.
- 립 : 입술 길이는 길고 입술 넓이는 늘려서 부드러운 곡선으로 그려준다.

⑥ **삼각형**

삼각형은 양쪽 턱선이 넓고 볼살이 많으며, 이마가 좁은 얼굴형이다. 차분하고 안정적이며 의지력이 강하고 고집스러운 이미지이다.

Point

양쪽 턱을 셰이딩으로 강조하여 턱의 각진 부분을 좁아 보이게 한다.

- 아이브로 : 각진형 눈썹으로 그린다.
- 셰이딩 : 코뼈는 길게 바르고 턱의 각진 부분에도 바른다.
- 하이라이터 : 이마는 조금 넓게 하이라이터를 주고 턱 끝은 좁게 바른다.
- 블러셔 : 귀부분에서 둥글게 광대뼈에서 턱 끝을 향해 넓게 바른다.
- 립 : 입술 길이는 짧고 입술 폭은 넓게 하여 부드러운 곡선으로 그려준다.

⑦ **마름모형**(다이아몬드 형)

마름모형은 이마는 좁고 턱이 뾰족하며, 광대뼈가 튀어나온 입체감이 많은 얼굴형이다. 감각이 뛰어나고 총명하며 예리하고 신경이 예민한 이미지로서 자칫 나이 들어 보일 수 있다.

Point

광대뼈의 튀어나온 부분을 셰이딩을 통해 좁아 보이게 한다.

- 아이브로 : 표준형, 상승형 눈썹으로 그린다.
- 셰이딩 : 양쪽 광대뼈와 턱 끝에 바른다.
- 하이라이터 : 양쪽 이마와 양 볼 살이 없는 부위에 바른다.
- 블러셔 : 귀부분에서 광대뼈 부위를 둥글게 바른다.
- 립 : 입술 길이는 길고 입술은 살짝 두껍게 부드러운 곡선으로 그려준다.

3. 헤어스타일링 연출법

헤어스타일은 외적 이미지를 추구할 수 있는 미적 욕구와 자기표현을 위한 수단으로 개인의 이미지에 많은 영향을 미친다. 헤어스타일은 얼굴에 근접해 있어서 작은 변화에도 이미지가 다르게 보일 수 있을 만큼 영향력이 크다. 헤어스타일의 역할은 얼굴형 전체가 조화를 이루게 모발의 스타일을 구성하여 결점이 드러나지 않도록 해야 하며 아름다운 부분인 장점을 강조하고 개성을 연출하여 미적·심리적 욕구를 만족시킬 수 있다. 따라서 자신의 얼굴형과 체형, 모발의 형태와 질감, 색채 등과 연령, 성별, 이미지, 직업과 T.P.O.에 맞는 헤어스타일을 연출하여 건강하고 세련된 모습으로 상대방에게 좋은 인상을 줄 수 있다.

건강하고 아름다운 헤어를 구성하는 조건은 건강한 두피, 수분 밸런스, 윤기와 탄력, 매끄러움, 볼륨감, 모발색이다. 헤어스타일의 구성 요소는 디자인과 헤어 컬러이며 헤어스타일 연출은 커트, 업스타일, 펌, 염색 등으로 나뉘며 헤어스타일에 필요한 기구나 도구, 제품으로는 드라이, 매직기, 롤형 세팅기 등과 에센스, 왁스, 미스트, 헤어젤 등이 있다.

모발은 보호, 감각, 장식의 기능을 가지고 있다. 윤기있고 부드러운 모발은 건강하고 매력적인 인상을 준다. 두피관리는 모발 손상과 탈모를 예방하고 두피를 청결하고 건강하게 유지하는 것이다. 자외선, 드라이의 과다 사용, 퍼머나 염색의 반복으로 인해 모발은 손상된다. 따라서 헤어 트리트먼트를 통해 손상된 모발을 정상으로 회복시키고 건강한 모발을 유지하기 위한 손질이 필요하다. 두피손질은 두피를 건강하게 하며 두피 마사지를 통해 모근을 자극시켜 혈액 순환을 하고 두발의 성장과 탈모방지를 촉진시킬 수 있다. 두발을 윤기있게 하기 위해서는 땀, 피지, 먼지 등을 제거하여 청결하게 유지하도록 하고 산성샴푸, 헤어 팩, 컨디셔너제 등을 사용하여 두피와 두발에 유분과 수분 등의 영양분을 공급하여야 한다. 또한 샴푸하기 전에 브러싱을 자주하면 모발에 묻어있는 먼지도 제거되고 모근을 자극하여 모발 성장도 촉진시킨다.

1) 두피 및 모발의 구조

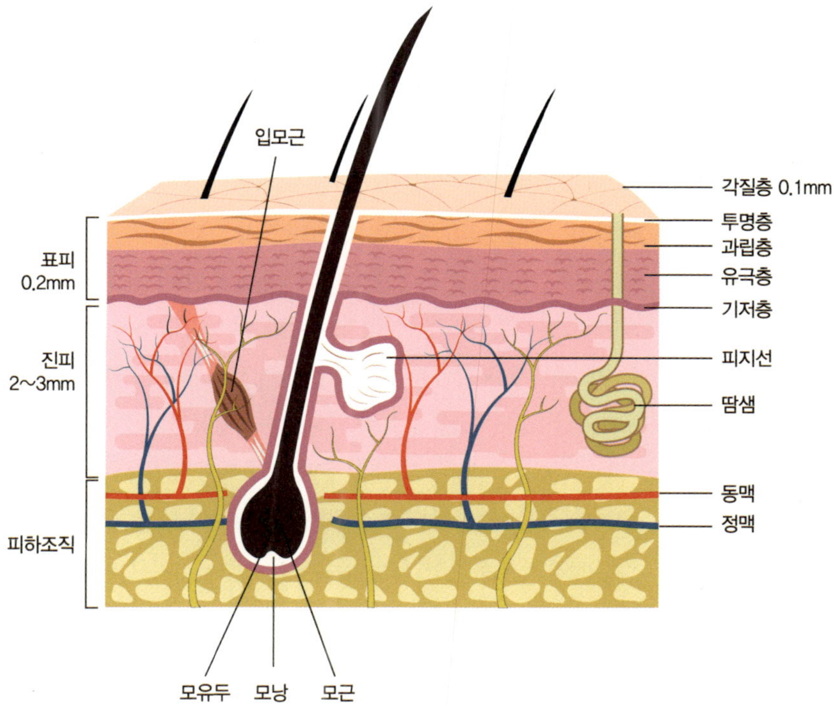

두피는 두개골의 체표피를 덮고 있으며 두발이 자라나는 부위를 말한다. 두피에는 모발을 중심으로 한선과 피지선이 형성되어 있으며, 피지는 두피의 수분 증발을 막아주며 건강하고 윤기 있는 모발을 만들어 준다.

모발의 구조는 표피를 경계로 하여 표피 외부의 모간부와 표피 내부의 모근부로 나눈다.

모간부는 모수질, 모피질, 모표피로 3개의 층으로 구성되어 있으며 모근부는 모낭, 모유두, 모구, 모모세포, 피지선 등으로 구성되어 있다. 모발의 주성분은 케라틴(Keratin) 단백질로 이루어져 있으며 모발의 수는 약 10만 개로 하루에 평균 0.35 ~ 4mm씩 자라난다. 모발은 주기적으로 생성과 탈락을 반복하며 모발의 성장주기는 성장기, 퇴행기, 휴지기로 진행된다. 성장기는 전체 모발이 80 ~ 90%가 성장하는 시기로서 수명은 2 ~ 7년이고 하루 평균 0.35 ~ 4mm씩 한 달 평균 1 ~ 1.5cm 정도 자라난다. 퇴행기는 2 ~ 3주 정도로 성장기가 끝난 후 대사과정이 늦어지는 시기로 전체 모발의 1%가 속하며, 휴지기는 퇴행기 이후 성장이 멈추어 탈모가 시작되는 시기로 수명이 3 ~ 4개월 정도로 전체 모발의 15% 정도 해당된다.

두피는 크게 정상두피, 건성두피, 지성두피, 탈모성 두피, 비듬성 두피로 분류된다.

정상두피는 모공상태가 깨끗하고 선명하며 모공 하나에 2 ~ 3개의 모발이 자라며 일정한 간격을 유지한다. 건성두피는 수분과 피지분비의 부족으로 하얗게 각질이 생기며 가려움증의 현상이 나타나며, 지성두피는 피지분비가 과다하고 피지가 모공을 막는다. 이로 인해 탈모의 원인이 되며 두피에 염증, 소양감과 냄새가 심하게 난다.

탈모성 두피는 정상두피보다 모발이 약하며 저자극 샴푸를 사용하여 혈액순환이 잘 되도록 하며 청결에 우선을 두어야 한다. 비듬성 두피는 유전요인, 호르몬의 불균형 및 비듬균의 이상증식으로 생기며, 건성비듬은 피지가 부족하므로 과한 세정은 피하고 지성비듬은 피지조절과 살균, 소독 관리를 해야 한다.

유형별 두피관리는 두피 스케일링으로 각질제거와 노폐물을 제거하고 모발 성장에 문제점을 파악하여 건강한 모발 관리를 하는 것이다.

① 머릿결에 어울리는 헤어스타일

머릿결의 특징은 얇은 모발, 굵은 모발, 곱슬머리로 구분되며 머리카락 두께는 머리카락을 구성하는 모피질의 양으로 결정된다. 모피질이 적은 사람은 머리카락이 얇고 모피질이 많은 사람은 머리카락이 두껍다.

- 얇은 모발에는 웨이브 스타일로 모발에 볼륨감을 넣어주거나 레이어 스타일로서 드라이어로 머리카락에 볼륨을 준다. 또한 볼륨 매직 스트레이트로 모발을 풍성하게 연출 할 수 있다.
- 굵은 모발은 밝은 헤어 컬러가 머릿결이 가벼워 보인다. 숱을 강조하지 않는 스타일로서 머리 끝부분을 가볍게 처리한 샤기 스타일, 레이어 스타일이 좋다. 또한 보브 스타일로 볼륨감을 살려주면 어려보이는 효과가 있다.
- 곱슬머리에는 매직 스트레이트나 볼륨 매직 스트레이트가 좋다. 볼륨 매직 스트레이트는 매직 스트레이트의 단점을 보완해 주며 자연스러운 볼륨감을 연출 할 수 있다.

② **얼굴 유형에 어울리는 헤어스타일**

헤어스타일은 신체를 장식하는 방법 중 하나로서 얼굴유형에 따라서 다양한 스타일로 변화 될 수 있으며, 자신의 외모 이미지와 얼굴을 아름답게 표현하는 중요한 역할을 한다. 따라서 헤어스타일로 그 사람의 이미지를 결정 할 수 있으며 지위, 신분 등 사회적인 현상을 나타 낼 수 있다.

- 계란형

  계란형 얼굴형은 얼굴형의 길이와 가로, 세로의 비율이 적당하게 균형을 이루는 이상적인 얼굴형이다. 헤어스타일은 쇼트, 세미 롱, 롱 헤어스타일 등 어떤 헤어스타일도 잘 어울리므로 체형과 의상스타일 등에 따라 다양한 이미지를 연출할 수 있다.

• 둥근형

둥근형 얼굴형은 볼이 통통하고 헤어라인과 턱선이 눈이 띄게 둥근 모양으로 귀엽고 어려보이는 이미지를 나타낸다.

헤어스타일은 계란형 얼굴형에 가깝도록 디자인한다. 얼굴 전체를 좁고 길어 보이게 하는 것이 중요하므로 얼굴선이 갸름하고 길게 보이도록 세로선, 즉 수직선을 강조하여 연출한다.

또한 이마를 드러내어 갸름하게 보이게 해야 한다. 7 : 3 비율의 옆가르마로 앞머리에 볼륨을 주거나 앞머리는 올리는 스타일로 앞머리를 내리지 않는 것이 좋다. 옆머리는 자연스럽게 길게 내려주는데 머리카락을 귀 뒤로 넘기면 얼굴이 더 둥근 느낌을 줄 수 있으며, 얼굴 옆 사이드의 볼륨을 주는 스타일은 피하는 것이 좋다.

• 긴 형(장방형)

긴 형 얼굴형은 얼굴의 길이는 길고 폭은 좁은 얼굴형이다.

헤어스타일은 6 : 4 비율의 옆가르마로 앞머리를 내어 이마를 가려 전체적으로 얼굴이 길어 보이지 않게 연출한다. 또한 가르마 없이 이마를 가리는 스타일로 앞머리 볼륨을 크게 연출하며 양볼을 중심으로 볼륨감을 준다. 어려보이고 발랄한 느낌이 들도록 짧은 헤어스타일이 좋으며 보브스타일의 단발형으로 연출한다. 업스타일이나 센터 파트로 나누는 스타일, 스트레이트, 단발머리로 머리 길이가 얼굴선보다 짧은 스타일은 얼굴이 더 길어 보이므로 피하는 것이 좋다.

• 사각형

사각형 얼굴은 턱 선이 각진 얼굴형으로 얼굴이 커 보인다.

헤어스타일은 화려하고 대담한 이미지를 주는 스타일로 연출하는 것이 좋다. 둥글게 보이게 가르마를 타고 얼굴의 옆폭을 좁아 보이게 턱을 감싸주는 스타일로 연출한다. 턱선이 드러나지 않는 스타일로 얼굴 윤곽을 부드럽게 감싸는 가벼운 레이어드 컬이나 머리 끝은 가볍고 자연스러운 웨이브로 각진 얼굴을 완화시킨다.

또한 사이드의 볼륨은 피하며 전체적으로 볼륨을 주는 스타일, 쇼트 커트, 보브 스타일은 사각형 강조하게 되므로 피하는 것이 좋다.

• 역삼각형

역삼각형 얼굴은 양쪽 이마 폭이 넓고 양 턱선이 좁은 얼굴형이다. 헤어스타일은 이마가 좁아 보이는 디자인으로 헤어 톱을 조금 높여주거나 머리를 앞쪽으로 쏠리게 하면 뾰족한 턱 부분을 완화시킬 수 있다. 양 사이드는 양 볼 옆 부위를 붙이거나 가려주고 턱선에 볼륨을 주는 디자인을 연출한다.

너무 짧은 헤어스타일은 날카로워 보이므로 피하는 것이 좋다. 또한 퍼머 등 볼륨을 살리는 스타일은 얼굴이나 머리가 더 커이고 턱선이 더 뾰족해 보일 수 있으므로 피하는 것이 좋다.

• 삼각형

삼각형 얼굴은 이마가 좁고 턱이 넓은 얼굴형이다.

헤어스타일은 시선이 얼굴 윗부분에 갈 수 있도록 앞머리는 가벼운 웨이브로 덮어주거나 사선으로 가르마를 하여 이마가 넓어 보이게 한다. 또한 양 볼은 작아 보이도록 옆선을 강조한 웨이브를 주어 귀를 덮어준다. 턱선 부위의 볼륨을 주는 스타일은 턱이 넓어 보이므로 피하는 것이 좋다.

• 마름모형(다이아몬드형)

마름모형 얼굴은 넓은 광대뼈에 이마가 좁고 턱선이 뾰쪽한 얼굴형으로 날카로워 보인다.

헤어스타일은 이마를 넓게 보이고 윗부분과 아랫부분을 각각 폭이 넓게 보이는 디자인이 좋다. 스트레이트 펌보다는 웨이브로 입체적으로 연출하거나 컬을 이용하여 화려한 스타일로 연출하는 게 잘 어울린다. 또한 8:2 옆가르마를 타거나 앞머리에 볼륨을 주고 머릿결이 턱 선까지 내려오는 보브 스타일로 연출한다. 광대뼈에서 턱 선 아래까지 웨이브를 주면 부드러운 인상을 줄 수 있다.

참고문헌

서적

강나경, 생활예절과 이미지메이킹, 공동체, 2012
강수경, 선혜경 외 . 컬러리스트, ㈜시대고시기획, 2020
강희선, 고객만족 끝장내기, 영진미디어, 2015
권영자 외 2인, 스타일리스트를 위한 뷰티코디네이션, 국제, 2005
권혜영, 성공 이미지메이킹, 성안당, 2015
김미진 · ZhiYoung, 퍼스널 컬러북, 에듀웨이, 2016
김상철, 글로벌 교양과 리더십, 한국외국어대학교출판부, 2008
김유선, 소피아 김 외, 컬러리스트, 미진사, 2020
김은주, 손소희, 피부미용학 개론, 구민사, 2018
김진숙 외 6인, 뷰티디자인, 광문각, 2015
김현식, 서비스브레인, 새녁, 2018
김효진, 퍼스널컬러, 자유문고, 2017
드림비전 피부과학연구소, 피부분석학, 성안당, 2015
박선영, Oh My Image, 미니멈, 2012
박은준 외 10인, 토탈 코디네이션, 메디시언, 2015
박혜정, 서비스맨의 이미지메이킹, 2011
설민준, 취업면접 합격기술, ㈜시대고시기획, 2020
소연, 매력적인 사람은 대화습관이 다르다. 라온제나, 2016
송은영, 모든 것은 얼굴로 통한다. 북스타, 2011
신지희, 박현진 , 살리는 스피치 죽이는 이미지, 타래, 2014
신향선, 마음을 움직이는 배색플래닝, 디지털북스, 2015
신혜련, 만만한 취업면접 특강, 시대고시기획, 2019
안현성, 샵마스터, 책과상상, 2019
엄경아 외 2인, 이미지메이킹, 지식인, 2016
오경화 외 4인 패션 이미지 업, 교문사, 2017
오선숙 외 4인, 퍼스널 이미지메이킹, 경춘사, 2017
이강미 외 2인, 메이크업 베이직, 구민사, 2018
이건희 외 토털 코디네이션, 광문각, 2016

이경희 외 2인 패션과 이미지메이킹, 교문사, 2013
이선경 · 이홍림, 비주얼 이미지메이킹, 구민사, 2016
이재희, 비즈니스커뮤니케이션, 한올, 2014
임미애 외 2인 패션 스타일링, 교문사, 2010
임유정, 스피치 트레이닝, 60일의 기적, 원앤원북스, 2017
장선엽, 미용 서비스 관리론, 광문각, 2015
장성은, 이종숙, 토탈패션 뷰티코디네이션, 경춘사, 2008
정미영 외, 이미지메이킹과 서비스매너, 청람, 2008
정연자 외 3인, 뷰티 앤 컬러, 교문사, 2017
정연자 · 김진희, 뷰티디자인, 교문사, 2015
주영애 외, 매너와 이미지메이킹, 신정, 2010
최경원, Oh, My Style, 미니멈, 2011,
최기종, 매너와 이미지메이킹, 백산, 2009
캐런 할러. 컬러의 힘, 월북, 2020.
황정선, 옷을 벗고 색을 입자, 황금부엉이, 2014
JoANNE RICHMOND, COLOR ME BEAUTIFUL, 예림, 2011

논문

강민영(2019). 피부 상태에 따른 화장품 및 피부 관리 추천 서비스에 대한 선호 유형 연구. 건국대학교 산업대학원. 석사학위논문

강현주(2013). 실업계/공업계 고등학생의 취업을 위한 모의면접훈련과 만족도에 관한 연구. 호서대학교 벤처전문대학원. 석사학위논문

김금순(2006) 얼굴형태에 어울리는 헤어스타일에 관한 선호도 조사 연구. 한남대학교 사회문화대학원. 석사학위논문

김도희(2017), 이미지메이킹 인식이 자아 존중감의 변화에 미치는 영향, 광운대학교 대학원. 석사학위논문

김민경(2014), 뷰티 스타일링이 퍼스널 이미지메이킹에 미치는 영향, 숙명여자대학교 원격대학원. 석사학위논문

김용원(2016). 개인 맞춤형 패션 코디네이션 앱 개발 연구. 국민대학교 테크노디자인전문대학원. 석사학위논문

김희정(2011), 이미지메이킹을 위한 코디네이션, 성신여자대학교. 석사학위논문

김희진(2017), 뷰티 스타일링이 자기 이미지에 미치는 영향, 성신여자대학교 뷰티융합대학원. 석사학위논문

바야르마(2019). 뷰티 메이크업의 눈썹 디자인이 인상형성에 미치는 영향. 호서대학교 문화복지상담대학원. 석사학위논문

박규림(2019). 퍼스널컬러가 심리적 신체적 자아존중감에 미치는 영향. 홍익대학교 문화정보정책대학원. 석사학위논문

방해주(2012), 효과적인 취업 이미지메이킹 적용연구, 중부대학교 대학원. 석사학위논문

백경진(2013) 한국여성의 얼굴이미지 유형별 형성요소와 메이크업 디자인의 효과. 연세대학교 대학원. 박사학위논문

서혜린(2020). 두피 및 탈모관리 인식에 관한 연구. 서울벤처대학원대학교. 석사학위논문

송준열(2020). 입술색이 형성하는 메이크업 인상에 다양한 피부색이 미치는 영향, 홍익대학교 문화정보정책대학원. 석사학위논문

심경숙(2019). 여성직업군에 따른 헤어스타일 관리실태와 선호도. 광주여자대학교 일반대학원. 석사학위논문

안나진(2019). 피부타입에 따른 클렌징도구의 얼굴 세정효과. 건국대학교 산업대학원. 석사학위논문

양정순(2010). 6가지 얼굴형에 어울리는 화장기법과 헤어스타일의 이미지 지각에 관한 연구. 원광대학교 일반대학원. 박사학위논문

이설희(2018). 눈 메이크업이 얼굴이미지에 미치는 영향. 성신여자대학교 뷰티융합대학원. 석사학위논문

이소영(2019). 퍼스널컬러의 톤 유형과 피부색에 따른 조화색의 범주화. 홍익대학교 문화정보정책대학원. 석사학위논문

이소희(2020). 미용제품 구매행동과 셀프 헤어스타일링 및 만족도의 관계. 서경대학교 미용예술대학원. 석사학위논문

이언영(2008). 면접 이미지메이킹을 위한 사이버 셀프 패션 코디네이션 시스템의 활용 연구. 이화여자대학교 대학원. 박사학위논문

임양경(2014). 화훼디자인의 배색기법과 감성마케팅에 관한 연구. 대구가톨릭대학교. 박사학위논문

최윤정(2009). 취업 면접을 위한 이미지 컨설팅에 관한 연구. 경일대학교 대학원. 석사학위논문

한효주(2019). 20~40대 여성의 헤어스타일 인식도와 선호도 연구. 건국대학교 산업대학원. 석사학위논문